U0938282

靈修著作精選

信為何物

基督教信仰簡介

羅雲．威廉斯 著
陳恩明 譯

基道出版社

▼

靈修著作精選

信為何物

基督教信仰簡介

Tokens of Trust

An Introduction to Christian Belief

作者
羅雲．威廉斯 Rowan Williams

譯者
陳恩明

責任編輯
羅慧琪

裝幀設計
奇文雲海．設計顧問

■

出版／發行
基道出版社
香港沙田火炭坳背灣街26號富騰工業中心1011室
LOGOS PUBLISHERS
Unit 1011, Fo Tan Ind. Centre, 26 Au Pui Wan St., Shatin, Hong Kong
電話：(852) 2687-0331　傳真：(852) 2687-0281
網址：http://www.logos.com.hk

承印
基業印刷廠有限公司

●

7/2010初版
Cat. No. LP637
ISBN: 978-962-457-399-2

First published in 2007 by the Canterbury Press Norwich (a publishing imprint of Hymns Ancient & Modern Limited, a registered charity)
13-17 Long Lane, London, EC1A 9PN. www.scm-canterburypress.co.uk

Printed in Hong Kong

刷次	10	9	8	7	6	5	4	3	2	1
年份	2019	2018	2017	2016	2015	2014	2013	2012	2011	2010

目錄

前言

教會剛開始的幾個世紀內，領袖的重任就是奠定初入教者的信仰根基，莊嚴的入教儀式通常在復活節晚上進行，入教者赤身受浸，並且接受抹油。行禮前的好幾個禮拜，當地主教親自授課，把信仰內容講得淋漓盡致，叫經年累月的學道旅程登上高峯。

時移勢易，此風不再。然而，趁著復活節將到，重溫信仰綱領，仍是為這大節作準備的上策。我就是抱著這樣的心態，在二○○五年復活節前一週，在坎特伯里大教堂（Canterbury Cathedral）發表一連串講話的。本書正是這些講話的增補版。

我刻意保留了講話的口吻，也不敢假定讀者一定是對聖經和教會歷史頗有知識。當年聽課的人，有些是老教友，只想溫故知新；但也有對信仰十分陌生的人，我不想他們覺得我講得太高深。希望程度高的讀者不要嫌我囉唆。

就以經文為例好了。讀者如果手頭有聖經就最好。他還得知道所謂「舊約」或「希伯來文聖經」講的是上帝與古以色列(講希伯來話的)支派交往的過程,為時約一千年。而「新約」或「基督教聖經」則包括勾勒耶穌生平的四福音,還有第一代的教會元老發給地中海東岸新成立的基督徒社羣的書信。這些書信,大都出自保羅——一個本來極力反基督教,後來又戲劇性地皈依基督的人——的手筆,至於其他書信的作者,我們知之不詳,只知都是非常接近教會初立時期,且與認識耶穌的人關係密切的。

本書旨在說明基督教在本質上乃是關乎認識所信是誰、信甚麼。我以為基督教是叫你信任它所講的上帝,先於叫你一下子接受一整套系統。我希望你至此已看清楚了,先有信任,以後的教導、教義才有意思。中聽有用的信仰之所以是中聽有用,皆因它是從探究「信任那值得完全信賴的上帝」的意義,而引發出來的。

因此,本書所講的並非單談思想概念,乃是談論思想、行動、禱告的互動當初如何孕育出這些信仰述句來。世界各地的各大基督教團體大都共認這些信仰述句。它們全是在教會歷史最早三百年內形成的，擲地有聲，顛撲不破，經得起歷史洪爐的熬煉，其中最古老也流傳最廣的兩篇「信經」（creeds；源於拉丁文「我信」的意思）已列在書首處。

插圖的目的是叫你不要讀得太急，要多一點默想；當中好幾幀出自大衛·瓊斯（David Jones）手筆。他是二十世紀偉大的詩人、畫家、雕刻家，他的畫藉著光影、筆畫、顏色把你帶到更具深度的世界去，我盼望這也是基督教信仰的功效：叫人以新的眼光去看世界——不忘表象（其中所有仍然重要），卻可以洞穿表象。

其他人物照片則是為內文作註而已。如果我所勾勒的信仰能夠引起你的共鳴，很可能是你曾經遇上這樣的人。他們誠實可靠，既能活於現世，又能把奧祕打開。這些照片的目的是叫你想起他們，想起這些生命的見證。

我衷心感激下列各位合力把我的講話謄錄成書：負責錄音和謄稿工作的莎拉·威廉斯（Sarah Williams）和喬納森·詹寧斯（Jonathan Jennings）；鼓勵我考慮出書的坎特伯里出版社（Canterbury

Press）同工克莉斯廷・史密斯（Christine Smith）；在編審方面下了不少功夫的喬納森・古多爾（Jonathan Goodall）、琳達・福斯特（Linda Foster）和瑪麗・馬修斯（Mary Matthews）；更感謝到座堂來聽課的每一位，整個禮拜都不缺課（且留下來禱告和聽音樂），全程流露出耐性和熱誠。謹以此書獻給他們，也獻給上帝在坎特伯里的所有百姓。

羅雲・威廉斯（Rowan Williams）

二〇〇六年諸聖節

使徒信經

我信上帝，全能的父，創造天地的主。

我信耶穌基督，上帝的獨生子，我們的主；

因著聖靈成孕，從童女馬利亞所生；

在本丟彼拉多手下受難，被釘於十字架上，死了，

葬了；

下到陰間，第三天從死裏復活；

祂升天，坐在全能父上帝的右邊；

將來必從那裏降臨，審判活人死人。

我信聖靈；

神聖大公教會；聖徒相通；

罪得赦免；

身體復活；

並且永生。

原文依公禱書裏早晚祈禱會的《使徒信經》，中譯參《歷代基督教信條》，三版（香港：基督教文藝，1986），頁 20～21。

尼西亞信經

我信獨一上帝，全能的父，創造天地和有形無形萬物的主。

我信獨一主耶穌基督，上帝的獨生子，在萬世以前為父所生，出於神而為神，出於光而為光，出於真神而為真神，受生而非被造，與父一體，萬物都是藉著祂造的；

祂為要拯救我們世人，從天降臨，因著聖靈，並從童女馬利亞成肉身，而為人；

在本丟彼拉多手下，為我們釘於十字架上，受難，埋葬；

照聖經第三天復活。

並升天，坐在父的右邊；

將來必有榮耀再降臨，審判活人死人；祂的國度永無窮盡；

我信聖靈，賜生命的主，從父和子出來，與父子同受敬拜，同受尊榮，祂曾藉眾先知說話。

我信獨一神聖大公使徒的教會；

我承認使罪得赦的獨一洗禮；

我盼望死人復活；

並來世生命。

原文依公禱書的《尼西亞—君士坦丁堡信經》，中譯參《歷代基督教信條》，三版(香港：基督教文藝，1986)，頁20～21。

大衛・瓊斯，《瀑布》（The Waterfall, *Afon Honddu Fach*），1926

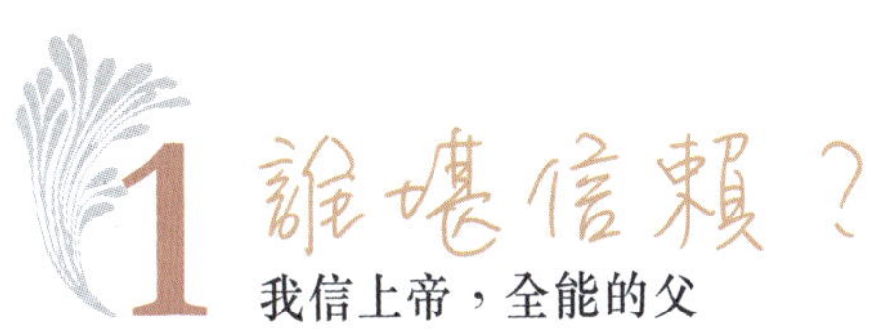

1 誰堪信賴？

我信上帝，全能的父

幾年前，英哲安娜拉·奧尼爾（Onora O'Neill）在電台上說，英國正處於信心危機中。愚見以為，這麼顯淺的事，不必勞動專業的哲學家說出來，但有她來分析一下倒是好的。問題不僅在於我們愈來愈愛挑剔，對公眾人物愈來愈不信任，更難搞的是，我們不再覺得社會的主要制度真的有甚麼效用，即是說，我們對教育、保健、警察等制度滿腹牢騷，更遑論我們的議員了。我們面對的還不止於此。我們還感到被自己所不能控制的國際經濟、政治模式夾住了。我們根本不相信它們是對我們有利的。如果我們有留意外國的情況，也許會覺得這種制度是放在哪裏都不行的。不論是對是錯，總之「全球化」就是對地方羣體與個人的剝削。企業與銀行不時傳出的詐騙醜聞、廣泛的貪污，就更加無補於事了。直到最近，才有人著書立說，呼籲人要互相信賴，生意才會好，這是切合時需的。可惜，一切都來得遲一點，損害已經造成，我們也懷疑成性了。

當然，在有些情況之下，小心駛得萬年船。民主政體內，需要有質詢的機制；不盲目附和是健康的。但英國的奧尼爾女男爵等人指出的是我們已經矯枉過正，一味**假定**一切都是對我們不利的。面對現狀，我們無能為力。這個不健康。不信任往往源於失去了控制權，覺得自己已經變成一個傀儡。這是問題的癥結。當別人所作的安排、所定的目的與我拉不上關係，或與那人所聲稱的不符，我當然不會去信任他。他們別有用心，我只是被利用的人，我既看不清全豹又覺得奸計繼續在進行，我除了感到受欺壓，還會覺得完全的癱瘓。信任變為冒險的傻事。

我們還可以再講多一些，容我回頭再談這個社會問題。但我想以信任與不信任為切入點，因為基督教信經劈頭講的正是這個。但人不一定會這樣理解。當我們說：「我信上帝，全能的父，創造天地的主」，乍聽之下，馬上叫人想起「你信有鬼嗎？」、

「你信有幽浮（UFO）麼？」這類的問題，想到的都是虛無飄緲、甚具爭議的東西。

縱然信徒與非信徒都會有類似反應，信經本意卻非如此，耶穌在約翰福音九章問剛得醫治的失明人是否「相信」人子，當然不是問他信不信有這麼一樣東西（例如尼斯湖水怪），而是問他有沒有意去信任人子——即是以耶穌為全人類在上帝面前的代表。他——很自然地——要知「人子是誰」，耶穌說自己正是。他回答說：「我信。」

他相信。他有把握。他斷沒有懷疑人子會不會利用他、欺騙他。他信任耶穌能幫助他，知道耶穌沒有私心。他相信他對耶穌的所見所聞，都是真的。這種信，與對尼斯湖水怪、幽浮之類的「信」有天淵之別。信這些東西不會影響我對自己和世界的觀感，也與水怪是否靠得住無關。牠如果存在，我們可以認識一下牠的習性也是無妨，但這跟我們所說的信任無關。

信經所說的「信」卻不是這樣。你一相信，茲事體大，萬事都變。這種「信」與佛教徒的「皈依」來得更貼近——「皈依我佛」清楚表示了全心歸附，全然投靠之意。以這樣的眼光去看「我信」，信經必可令你耳目一新。

「我信上帝，全能的父」這句話本不是用來回應「我的腦袋裏想著些甚麼？」這類問題的，這類問題彷彿視上帝不過是我心中幻想的物品之一，跟幽浮、鬼魂同類。「我信上帝」這一句話旨在申明安身立命之本，祂是我生命之源，是穩妥的家。

也許講下去之前再補述一個細節還是好的。有些文本是以「我們」而不是以「我」開始的。新式的崇拜在聖餐禮用的是「我們相信」，結果引起了一場風波。其實信經原來的目的不止一個。較短版本的《使徒信經》可能是洗禮用的；較長、較複雜的《尼西亞信經》則是教會領袖們為了清理錯謬而召開大會擬定的。故此，《使徒信經》以「我信」開始，有如我於上文引述的佛教語句，作為皈依的第一步是無可厚非的。《尼西亞信經》（雖然後來有改變）原來的開始則是「我們相信」，乃是集思廣益的全體認信。如果說「我們相信」只是門面話，其實每個人都可以各自表述的話，那是說不過去的。信經所代表的正是每一個基督徒所共信的，這是不言而喻的事，我們也因此可以在基督教羣體內互相信任：有同一方向、同一盼望、同一信念。故此，「我」與「我們」可以兼收並蓄，何時用「我」、何時用「我們」並非十分重要。

好，現在處理更難的一個問題，**為甚麼**要信任上帝，全能的父，創造天地的主？祂有理由叫我們信任麼？表面看來，不信任的理由還多呢。當然，上帝高深莫測，這個不用說。祂的「議程」超然世外，高超難尋。宗教給我們大量這樣的印象，這是可悲的。我們摸不著頭腦的時候（尤其經歷痛苦和震驚的事），就說這是上帝的奧祕。我們認命，人神之間鴻溝甚深，不可踰越。可聖經戮力打破的正是這種信仰。差勁的信仰就是對上帝不予信任，不斷逃避祂，甚至企圖要比祂棋先一著；或者視祂為「管理當局」、訓導主任，總之，有祂在總是叫人受批評挑剔，渾身不自在，是可免則免的一位。

為甚麼要信仰創造天地之主，別視祂為深不可測的外星智慧呢？聖經提供了好些答案。最清晰的其中一個，在新約以弗所書卷首那句長句子裏面（要算聖經裏最長的一句）。句子的高潮指出上帝所有的旨意終於在基督耶穌身上顯明了；祂向人揭示了歷世歷代隱藏的奧祕，叫我們知道祂的議程。從前神祕或者模糊的，現在已一清二楚了。因著耶穌，上帝創世以前的定旨向我們顯明了——用以弗所書兩個鑰詞來説，就是「平安」與「頌讚」，這是上帝惟一的「議程」，祂所造的世界要成為一個和好的世界，世上萬族萬民要共信上帝已經叫他們脱離恐懼與罪疚、得著自由，因而共享同一生命。這一點雖是和好大計的一部分，卻又足以影響全宇宙，能叫紛紜的受造界合而為一，共享和諧。和好大計叫人引吭頌讚、慶賀上帝的榮耀，因為祂叫和好成為可能，並且持定宗旨，貫徹始終。上帝沒有第二手牌，祂完全沒有半點隱瞞：這就是祂要做的事情。

我們能知道關乎上帝的，就只有這麼多，更不要説我們完全知道上帝的一切了。這個「希奇的設計」，借用查理斯．衞斯理（Charles Wesley）的聖詩字眼來説，是仍然充滿奧祕，令人讚歎不已。但它已經足以叫我們心安，讓我們深明上帝創世的目的：叫我們與萬物同得好處；絲毫沒有「自私」的意味，上帝沒有必要騙人。如果祂隱藏心意，絕不是因祂故意把人蒙在鼓裏，乃是要等待時機成熟，靜候最好的傳遞者出現。這啟示出現之前，我們對上帝、以及人與上帝的關係的看法，都是不切實際的。對第一代基督徒來說，周遭有許多不懷好意的靈界力量作祟，別有用心地要叫我們對上帝懷有偏見 —— 那些力量是從魔鬼來的，專門騙人，叫我們對上帝產生恐懼感和疑心，他們就乘機捆綁我們。現在，他們的真面目已經暴露出來，上帝也藉著耶穌的一生、受死、復活清楚表明了祂的心意。

我們再也不需「想像」上帝是怎樣的；不再以為可以用概念語言替祂下個甚麼樣的定義。我們有的是活生生的榜樣。祂向我們展示了上帝對我們的期許，叫人知道上帝能夠在每一個人身上，以及為每一個人成就的事（所指若何，回頭再說）。我們永遠無法像上帝一樣認識上帝；人間言詞永遠無法言說上帝的一切。上帝斷非供人審視的東西；祂永遠是主動者，絕非居於某處的一件物體。人之所以能夠思考，皆因上帝此時此刻賦予我們能力所致，正因為我們對上帝的認識，是基於祂的作為而來，不是以祂作為一個觀念或者物體，所以我們所發現的，乃是祂那主動的意旨：祂要甚麼？目的是甚麼？期望是甚麼？因著耶穌，我們可以明白上帝渴望的無非是平安與頌讚。

你們也許有人記得，十四世紀隱士諾域治的茱莉安（Julian of Norwich）在《愛的啟示》（*Revelations of Divine Love*）的結語吧？上帝問她要不要明白這些異象的「意思」——想不想明白祂的目的？答案：「祂的意思就是愛」，熟讀此書的艾略特（T. S. Eliot）寫道：

愛就是那陌生之名
它推動那雙手
那雙編織叫人難以忍受的火燄襯衣的手
這衣是不能靠人力脱掉的[1]

這世上的絕望與痛苦，叫我們愛莫能助，無法根治，但在一切苦困的核心，有一股不能摧毀的力量為著愛而發動。我們要是真的明白「耶穌」到底是甚麼一回事，就能夠相信這正是萬事的基礎。

你不需要是大神學家，也可注意到這樣的講法留下了一大堆問題。我們稍後再加以處理。目前，我們先認識聖經作者是怎樣回答「為甚麼我們要信任創造天地的主？」這問題的。

除了剛才所說的，我們還可以順著所說的再挖深一點。簡言之，創造天地的主值得信任，因為祂**是**創造的一位。這也不是簡單地說，祂是老大，當然知道自己在做甚麼。它要說的，其實是叫我們認識上帝的本性。

上帝是獨一無二的萬有之源。因此，上帝行事不受任何外力影響。除了祂，在祂的以外，在祂的旁邊，甚麼都沒有。祂從來不是萬眾之一。所以，上帝自己不想做的，絕對不會做。因為祂一無所缺，一切都永恆地包含在祂裏面，惟一能夠「推動」祂的就只有祂自己；即是祂是怎樣的神，就會做怎樣的事：**所做的事**反映了祂的**本性**。

再轉一個講法，即是上帝做事，不可能出於任何自私的動機；按著祂的本質，祂根本不假外求。這樣，世界如果是祂造的，祂這樣做的惟一動機，如果我們真的可以去推想的話，就是祂那純粹、不自私的愛。祂要跟那不是祂所是的來分享祂的所是。祂想看到不同；想那他者得享祂的喜樂與歡心。祂不是苦悶孤單而找人相伴，也不是力有不逮而找人相助。

稍為提醒一下：現代思想家非常喜歡説上帝需要有伴兒才能夠真正的圓滿。這講法之所以有吸引力，因為若説上帝根本「不需要」我們，聽來十分掃興。當然，愛與被愛很在乎別人是否需要我們。但我認為我們要搞清楚：我們向上帝是毫無「貢獻」可言的。縱使我們沒有被創造出來，上帝還是上帝。

在人間，互有往還是正常的。但上帝，請記住，完全是另一層面的。祂在自己裏面有一切的滿足快樂。我們真的要好好的調節思想，努力的抓住這個難抓的思想：我們能夠存在，全拜上帝無條件的慷慨恩情所賜。上帝創世時所顯示的愛，即如祂創世之後所顯示的愛，沒有半點指向自我的影兒；有的只是毫無保留地為我們傾出的愛。這也不是上帝的交換手段，因為若然如此，我們所相信的上帝的永恆本性就變成一派胡言。

簡單地説，上帝本身是一位崇高和永恆滿足的上帝。祂既享有崇高的永恆滿足，卻讓它湧溢出來，成為創造之舉，豈不再次説明上帝是絕對信得過的麼？祂不是別有用心的，不論我們覺得如何不解，我們似乎還是應該這樣講才對。在世間——罕見地——有人奮不顧身，不求報償、全神貫注只為別人，我們隱約看見了上帝本性的反映。

從某個角度看，我們倒希望上帝愛我們是因為我們又乖又有用。但這有點像我們之所以蒙赦免是因為我們善良正直（而不是如聖經所說，我們是靠著上帝的赦免才可以變成善良正直）。上帝的愛絕對是完全自發的；創造我們、拯救我們都如是。祂不欠我們甚麼。祂選擇了要有我們，也選擇了視我們為可愛——就像這句話有力地表達的：「祂認為替我們死也值得。」一旦我們把創造看準了，就無法避免那毫無條件、慷慨施與的大愛。也許，我們終於明白為何沒有理由再去懷疑，退後質問：「且慢，這對祢有甚麼好處？」每逢想起創造主，我們應該把天然的疑心連根拔起。上帝創造之情實在足堪信賴。

正如我們將會一再指出的，對上帝的創造的信念，不是藉由有條不紊的論據堆砌而成的。其實有點兒是雞與蛋孰先孰後的問題。人是先接觸上帝無條件的赦免，而後思想祂的愛。愛是自發而大能的。他們的宇宙觀因此改變，無論何事，「祂的意思就是愛」這信念也開始孕育而成了。又或者，浩翰無垠、奧妙莫測的宇宙叫人目瞪口呆、肅然起敬，於是開始模糊地思想維繫這一切的能力是多麼驚人又無窮無盡。他們從而更為明白上帝為甚麼沒有以祂的愛的原則和條件、按我們應得的待我們。我們講論上帝的創造以及上帝如何與我們相會，赦免與更新總要一氣呵成才對。我認為，把創造與救恩獨立處理實是神學的缺失。聖經總是秤不離砣地講這兩個題目。

就這樣，我信賴、信任、投靠創造萬物、沒有自私意圖的上帝；祂叫我們可以看見祂是怎樣的神，也看見祂在耶穌的生死復活所表明的目的是甚麼。也許，我們也就明白「全能的父」意思是甚麼。按字面看來，弗洛伊德學派（Freudian）的分析正好大顯本領：這是最典型的幻想了——誰不想有一位無所不能的父親照顧？誰不想有一位能夠解決所有難題的權威人物？他隨時可以救我們脱離困局，不然，我們就要自食其果。這樣的幻想，對於希望長大成人的人，豈不是極度的危險麼？

答案是肯定的，但我們也得想得深一點，探索

「上帝的全能」所指何事。我們頗難抗拒的誘惑就是，以祂的全能來達成**我們**所不能的——叫我們隨心所欲，消災解難，即時奏效。既然我們有這樣的幻想，毋怪乎這個題材的笑料層出不窮，甚至幻想人可以一嘗當上帝的滋味，並且發現——當然——殊不容易（近期影片《王牌天神》〔*Bruce Almighty*〕即是一例）。然而——再一次——我們如果細心注意聖經用詞以及基督教傳統，就發覺「全能」根本不是這一回事。如果「我信上帝，全能的父」意思是「我相信某處有個無窮的能力，隨時為所欲為，所以我最好不要站錯邊」，聽來就跟信任與否沒有甚麼關係。為所欲為，能力無窮，這樣的神只有令人不安的分兒。

給譯為「全能」的這個詞語，在希臘文其實意指「掌管萬有」，甚至是「持守著萬有」。這意思就有些不同了。即是說，沒有一處是沒有上帝同在的；沒有何事是祂無能為力或者與祂毫不相干的；宇宙也沒有任何一個情況是令上帝不知所措的。那也就等於說，沒有一個狀況是我們不能仰賴上帝的。祂那自發的愛，正如我們所思量的，意味著這愛永不枯竭，無論宇宙、人生有何變故，總有這愛源源不絕的潤澤。稍後再就另一範圍探討這一點。但現在要記著的是，若以為「全能」是字面意思就錯了。重要的是，上帝總能在任何處境中有力另創新猷，因為在祂以外的一切，終必不能叫祂所渴想的受到阻撓。這樣，祂的全能更是祂的可信可靠的另一個理由。

聖經所記的，不是一位到處以神蹟奇事(下一章再談)為自己開路、所向披靡的上帝，而是一位不厭其煩地向人顯明心意、展示真愛的上帝，尤其是當人似乎掩耳不聞、故意逃避、胡亂臆測之際，就更是如此。聖經有時更加以大膽的方式講論此事——從人的角度去講上帝的故事，彷彿祂要受規勸才不致背約。亞伯拉罕、摩西這些理應相當認識上帝的人竟也面對危機。情況不妙。上帝不耐煩。祂要將人徹底消滅。於是，亞伯拉罕、摩西竭力與上帝爭辯，求祂大發慈悲。作者們深知自己所欲為何。他們所信的，不是臭脾氣、五時花六時變的上帝，以致要深明大義的人類叫祂冷靜下來。作者們知道，要活潑地顯明他們對上帝的認識，最好的方法是讓亞伯拉罕和摩西的禱告把上帝至深至真的一面彰顯出來。

聖經的第一卷書創世記十八章説亞伯拉罕因著上帝有意毀滅罪惡之城所多瑪，而與上帝爭論。他以為所多瑪一定還有**些**好人的，既然如此，「審判全地的主」不能不秉公辦事、不分青紅皂白；亞伯拉罕説：「這斷不是你所行的！」上帝也樂於與他討價還價，直到亞伯拉罕不再出價為止。這故事顯示了人如何一步一步地明白，上帝是公正可靠絕不屈枉正直的。

聖經的第二卷書出埃及記三十二章就講得更加透徹了。摩西與上帝爭論。摩西在山上領受了十誡：亞倫卻聽了百姓的話造了金牛犢代表上帝。上帝聖顏大怒，對摩西説「你且由著我」，因為祂要滅盡這些悖逆的百姓，再使摩西之後裔成為大國。摩西的答覆的基本意思是：「不行，祢曾向**這**百姓發出祢的應許，難道祢要叫全世界看見祢只是因為受不了他們，連承諾過的也不理麼？」他後來更説：「如果祢不赦免他們，我也不能倖免，請從祢的冊上塗抹我的名字吧！」言下之意，摩西好像在説：「我不想跟一位隨時改變主意，不懂赦免，不能面對又犯罪又愚蠢的原班子民的上帝打交道了。」他重視的不是自己的安危福祉，而是在乎上帝的信實可靠，皆因犯罪愚拙的人仍然不被唾棄，證明祂的愛是絕對自發自主的。上帝如果毀掉祂與以色列所立的約，那就好像祂的愛是被人的好行為所左右的了。這一幕，絕佳地展示了上帝竟然仍能在一批這麼不濟事的材料身上，成就何等大的事。

看來古代希伯來人看得很通透：能夠為所欲為然後咒詛結局的上帝，與那位堅守信諾、樂於赦免、可以與真正認識祂的人討價還價、甚至被「提醒」回到本性去的上帝，兩者是截然不同的。這些故事某程度上是俳皮話，目的是叫我們設身處地想一想：要是**你**面對這個罪惡之城，或是面對曠野裏冥頑不靈的以色列人，你會怎樣？一定很想一舉殲滅他們吧？對了，這正是上帝與你有別之處、假神真神有別之處；**這就是**「全能」踐行出來的樣子——無窮大能卻能與人同在，向搖擺不定的世界顯出忠誠，對不公道、疑心重重、死不合作的人顯出堅定的愛：堅持下去、不計代價、不辭勞苦為求得著人心的能力。

信靠全能的父上帝之所以不是信一位能力無窮、隨意而行、隨心所欲者，正是這原因。相信祂，乃是相信亞伯拉罕、摩西所發現的上帝——一位大愛與自由都永不枯竭的上帝。論到耶穌如何叫我們認識上帝時，我可以更深入談到「父」的意思，但目前，我們已藉著這些故事略有所知了。我們信靠上帝即如信靠慈愛的父母，深知養育親恩何等浩瀚、無微不至，是我們生命之源，確保我們永遠有家可歸。所以我們或許能夠暫且放下弗洛伊德學派對全能父親的幻想。如果在此遇到問題，則可能是把上帝投射為理想的慈母，永遠接納、永遠安撫呵護吧？我們應該丟棄一切幻想，這是下文會討論的。目前，我們要指出的是，上帝的大能是藉著忍耐顯明，不管形勢如何惡劣，祂總能創出新猷。這也就解釋了耶穌的死對第一代基督徒來說，為何不是失敗，而是上帝顯大能的關鍵時刻。

在本章最後一部分，我要講一講下一章裏時常出現的一個問題：我們怎知道所講的這一切是**真**的？至此，我只是集中字辭的正意；但怎樣從字句進到神髓，親身體驗？基督徒説上帝可信可靠，我們又怎知道真的有上帝？

我還沒找到一個一下就確證上帝存在的論證，

相信你對此不會感到驚奇；但我們也得記住，聽完了論證就與上帝建立活潑信仰關係的人，仍然佔少數。許多世紀以前，偉大的神學家、牧者安波羅修（St. Ambrose）說：「以論據來救人於上帝不合。」[2] 論據當然有用，至少叫人明白信仰上帝言之有理。但到底能改變人心的是甚麼，以至想像力、願景、盼望全都改變？

聖經本沒有論證上帝的存在。聖經講的是人與上帝的衝突，向祂發怒、懷疑祂的旨意，又或不覺上帝同在時如何焦灼不安等。詩篇與約伯記充滿了這些記載。不要幻想聖經到處都是安慰、保證。沒有。它反而經常警告人，讓上帝臨近你，或者在所有的證據都變得無憑之時你仍努力信任祂，代價是很大的。亞伯拉罕、摩西、保羅可不是坐下來推敲上帝存在與否的人。他們被捲進迫使他們處理的現實，根本不容他們否認與忽視。在某一水平上，你得把他們與上帝之間的糾纏、在祂面前的掙扎，視為一**種**論證：如果他們對上帝認真到這個地步，至少這可不是舒服的自我安慰那麼簡單。

其實許多人與上帝的關係正是這樣開始的。即如信任某類人物，我們對他們的生活方式有信心，且希望跟他們一樣；或者也想像說，自己狀態大勇或更為成熟時，也會這樣生活。他們的世界，我也想進去。信仰，其實許多時候是看見了值得信賴的人所過的生活，見了他們的世界，而生出來的。

信的人因此承擔頗大責任，這是必然的。要是我們毋須面對善變的人性，只談論證，那該多好。可惜事與願違，總得有人負責叫上帝在世上使人信服。論到這個責任，我欠二十世紀最出色的信徒艾蒂．希莉森（Etty Hillesum）許多。她是最努力地反現代的極權主權、反暴力夢魘的其中一分子，納粹入侵荷蘭時，她才二十多歲。她是猶太人，不算特別虔誠，只是個普通女孩，沒有明顯的宗教連繫。她已出版的日記和信札（由 1941 至 1943 年的記錄），顯示在這段國家民族的恐怖日子裏，她如何日漸覺察上帝的手的同在；大部分人在這樣的時間內，反而會更加懷疑上帝。

一九四三年十一月，她被送往奧斯威茲（Auschwitz）毒氣室去之前，被扣押在威斯特博克（Westerbork）中轉營。年二十九歲的她寫道：「在這樣的時勢，必須有人經過這一切，且為上帝即使在此時仍然活著作見證，為甚麼不可以叫我作這見

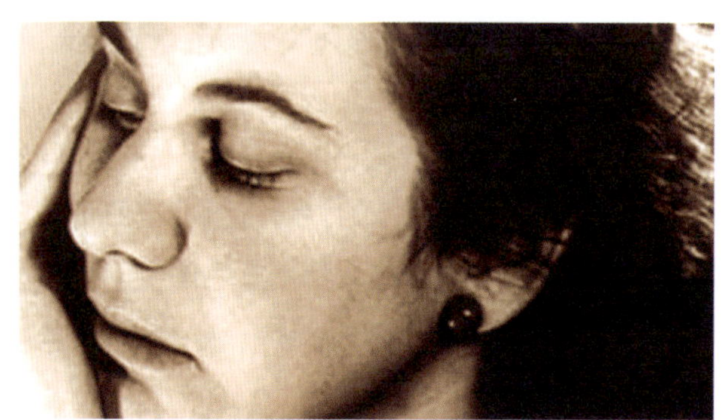

艾蒂・希莉森：在往奧斯威茲途中見證上帝的人

證？」在她從威斯特博克寄給友人的信內，她說自己的生活已變成「與祢，我神，毫不間斷的對話」，而她指自己在集中營的召命是，「不僅……宣告祢，叫別人認識祢，還得把人心中通往祢那裏的路打通」，[3] 她把自己的信仰視為在世上的一個位置，一個讓別人可以藉著她通往上帝那裏去的位置，這是再明顯不過的——而她沒有半點沾沾自喜，沒有以為自己比別人更神聖，只是簡簡單單地甘心為著上帝的可信性負上責任。

固然，這是個非常時期的故事——近代的種族大屠殺已經叫那時期稍為遜色了，盧旺達（Rwanda）、蘇丹（Sudan）肯定也有相似故事，我們不能再稱之為非常時期，儘管它們應該是非常的。到底艾蒂的過人之處是甚麼，也難以說得準。值得一說的，倒是她在威斯特博克見過伊迪斯・史坦（Edith Stein）——原籍猶太的傑出哲學家，後來轉信天主教並終身為修女。修會已經安排伊迪斯離開德國免被殺害，但德軍一進荷蘭，她就難逃劫數，最後命喪奧斯威茲。她已被天主教會封為聖人。她雖改信基督宗教，卻仍然甘心與同胞同死，實在值得記念；她的生平裏值得大書特書的事還有許多，顯而易見且按常情而言，她要比艾蒂傑出、優勝。但艾蒂的人味（human passionateness），不羈的活力、不知天高地厚，緩慢而叫人希奇的親近上帝的歷程，卻更加吸引那些難以投入宗教組織裏去的人。

極端的形勢令人把事情看得更清晰，往奧斯威茲去仍可以為上帝的可信性負上責任，誠然是對生命的可能性的一分貢獻，是不能隨意抹殺的——不管這貢獻是來自迦密修會（Carmelite）修女，還是打不死的年青作家兼教員。我們其實也可以在比較不

極端的情況下，看見叫自己為上帝負責任是甚麼意思。幾年前，美國有一本出人意表的暢銷書《祖神父：我的救命恩人》（*Father Joe: The Man Who Saved My Soul*）。[4] 作者東尼．韓得拉（Tony Hendra）有份寫英國一九八〇年代辛辣諷刺電視節目《極相似的人》（*Spitting Image*）的劇本。他在書中描述自己從十四歲起與本篤會修士約瑟．瓦里路（Joseph Warrilow；按：祖〔Joe〕是他的暱稱）神父所建立的友誼。瓦里路十八歲進入修會，此後，幾乎未離開過韋特島（Isle of Wight）修院半步。祖神父與韓得拉幾十年的友誼成為後者隨時的幫助，無論是信仰危機、成敗得失、離婚再婚、濫藥自殺，神父都不離不棄。神父沒有努力駁倒對方，他悠然自得、略帶詼諧、言談舉止都十分低調，他的洞見與愛心同樣穩如泰山。他耐心地喚醒韓得拉，叫韓得拉明白自己的真正身分，他苦口婆心，一再戮破幻象與野心。

韓得拉的第二段婚姻慢慢得著醫治，而他也重投天主教。這個故事沒有戲劇性的大起大落，只是見證了他的生命裏那份不離不棄、忠於真理的友情，他寫道：「祖神父的智慧有如長期被斷錯症者最後喜獲良方一般，終於有了療效」。他又形容祖神父為一位有待成聖的聖人……一位不完全的聖人」——他是一個常常從上帝的起點出發的人，帶著需要上帝來改變、化腐朽為神奇的困乏實況。韓得拉終於向祖神父敞開他那顆男人心，他形容那情形「如同巨浪淹沒常理的防波堤，叫人猛然醒覺原來這個逐漸皺縮，長著一雙兜風耳，貌似小精靈的人……竟是上帝，或者說是上帝經常造訪內住的軀體」。[5]

祖神父：導人歸主的良師益友

「可我不信上帝」，韓得拉馬上補充說。「祖神父卻總會有時候叫我跟上帝接通。」[6] 在這關係中 —— 雖不至像艾蒂的狀況那般慘絕人寰，但在人性上的痛苦與疑惑來說，還是悲劇 —— 有人為上帝負上責任，接通了線路，是論證和臆測所不能接通的。我懷疑不少信徒許多時候所經歷的正是這種關係。也許我們仍然沒有把握，內裏又疑惑又焦慮，也許無法以清晰的思路說明所信，但在我們的天地裏，總有人來替我們接通線路。先別管他們是否也是同病相憐，重要的是他們在我們眼中是那理想世界裏的原住民。紐曼樞機（Cardinal Newman）嘗言：即使放大鏡本身仍舊冰冷，仍可在別處燃起火燄。

許多人的信仰 —— 尤以英國為甚 —— 似乎都有賴別人的貢獻，且銘感於心。不知多少著作論及教堂的建築物和座堂詩班如何發揮了其社會功能，讓人們的精神有實質的歸依。多少人在自己仍未有把握投入信仰時，仍因眼見**別人**投入而高興。

要取笑這樣的人是容易的。有些基督徒更因此而大為惱怒。可這倒不是完全荒謬的事。它只是指出我們有許多人正在覺悟，人性中某些地方並未獲得適當的照顧而已。那些本該叫我們感到妥當的事物並沒有發揮作用。人們若要有更大的醒覺，那就得按部就班才可。他們要弄清楚，自己對於那些「在上帝面前負責任」、叫他們踏出投入的一步的人，是否有信心。到了那裏，他們就會發現全然相信所涉及的是甚麼。

當然，終究要作的抉擇是避不了的，你要冒險看看自己能否適應艾蒂或阿祖的世界。理性討論或會幫助你作出抉擇，但一般都無補於事。在信仰薄弱的社會（例如英國），一個不太受信徒以及負責領導與教導者歡迎的問題是：我們看來值得信任麼？通常，我們講的故事，全屬於那些鞭策**我們**前進者的故事。也許，我看來不是令人有信心，但我至少可以把那樣的人介紹出來。只要一天有人在上帝面前負起責任，既有效力又有勇氣，門還是打開的。可能性仍是存在的。不管速度多慢，人仍可以來到一個宣稱「我信」的地步，而非只是說：「我頭腦上承認有個叫『上帝』的東西」（單這樣，跟相信幽浮無異），更非說：「我相信信徒所談的是真實的」

（雖則方向正確，且也叫人經常與可信可靠的人有接觸），而是要作出終極的選擇，說：「我要進到他們的世界去生活，要識他們所識，也要飲於同一泉源。」那時，我們就能夠確實地說：「我信，我有信心；我投靠，我歸家了。」

大衞 · 瓊斯，《瀑布》（局部）

大衛・瓊斯，《天使報喜》（The Annunciation, *Y Cyfarchiad i Fair*），1963

2 冒險的愛

創造天地的主

你也許會說：不錯呀，你列舉了一些好榜樣，叫人藉著他們可以開始尋求上帝；可你還沒有處理那最基本的問題，我們幹嗎要認真看待論到上帝的言詞？也許當你一旦接受這言詞為可能的，剛才所列舉的人物就能替它添上生命。然而，你要是總無法進入這言詞又怎辦？

一般說來，這正是上帝存在的論證登場的時候——這也是可以理解的，而花點時間看看到底它們能否兌現承諾也是值得的。先此聲明，上帝存在的論證從來沒法將活生生地與上帝交往的體驗表達得淋漓盡致；即是之故，它們總無法叫我們碰到信仰的精髓所在。人大可以在聽完了上帝存在的論證之後，淡然說：「這又如何？」，但他所讀的若是艾蒂的信箋，恐怕說不出口。

上帝存在的論證叫我們把世界看作一個完整的單位——將我們認為是真實和可能的過程的一切合起來，問：「有沒有辦法從這**完整的單位**裏找出它的意義呢？」但有許多人，包括許多現代哲學家，以為這問題既無用也無意義。所有真實又可能的過程的總和就是：很多不同的東西加起來，在總和中的每一樣事件，俱各有自己的意義。我們犯不著去替「整體」找個甚麼意義來，因為根本就沒有一個「整體」。然而，持此看法的人總得面對兩個揮之不去的難題。其一就是大部分人憑直覺所提的合情合理的問題，萬物哪來？其二是科學研究基本必求的「首宗事件」，即我們所知的宇宙爆炸的起始點。固然，兩者都不一定叫人必然地談到上帝，更非致勝的論證基礎，但要打發掉它們卻非常困難。

在湯・史托帕（Tom Stoppard）名劇《跳躍者》（*Jumpers*）[7]裏，哲學教授喬治（George）正在準備講授「上帝的存在」的一堂課，他道出了令人難忘的一句：「要是一列無窮無盡的骨牌，一個接一個地正在倒下去……總得有一個骨牌先**被推下去**。」這想法不算高明，卻清楚表達了我們的懷疑。如果我們要講論會活動的東西，自然免不了要問首先令它動起來的是甚麼。在一個以能量與運動為其基本類別的科學世界裏，**能量**何來的問題是問得恰當的。我們也可以換個講法，我們的宇宙是個精妙無比的網絡，由不同類型的能量的「排列」組成，無既定不變之形，但能量不滅。既然每一現存活動之特定形式終有改變及轉化之日，整個網絡會否有天塌陷下去，失掉連繫、一片混亂？我們只在最小、最原始的存在層面上看見隨機性，而大體上卻從不是隨機的。維繫著整個平衡的，叫我們遇到這個緊扣一起、自我協調、互相依賴的真正**宇宙**的，到底是甚麼？

若說：「這些問題根本問錯了，充其量，我們只能說其然而不知其所以然」，也不是沒道理的。可仍有許多的人對它不能忘懷。最低限度，這是一個可以發人深省的題目，叫人想想整個宇宙是連於一個實在的，這實在把宇宙托住了，或者包含了，不是單單與之並列，它是純粹的行動、運動，全無限制規定。也許你可以看見，這種論說如何與上一章所說的上帝的自由自主有所相接。如果我們都以為「上帝」即是同一系統內一位更大更強的中介者，是層次更高的一種緣由，但始終置身於同一宇宙內，那我們仍得進一步另找解釋（這就是學生們為何一再追問說「如果世界是上帝造出來的，祂又是誰造出來的呢？」的原因）。宗教哲學家為了避免這情形，堅持說一碰到上帝的話題，所講的就不再是同一系統內的高層解釋；我們是專注地思想那自身絕對穩定不變、不受任何活動的影響的那個活動——即是說，它就是自己的緣由，自己的「本因」，是永恆不變的。

稍後再談這一點，但先此提醒一下：這裏不是說上帝在昔日開動了世界，從此撒手不管。天主教作家雅莉絲·艾里斯（Alice Thomas Ellis）在她其中一本妙語如珠、入木三分的小說裏，幻想有人以為她把上帝當作一位發表了驚天巨著的學者，目前正在頤養天年。這個誇張的講法卻又與一些人的想法相去不遠。十八、十九世紀，錶與錶匠的比喻十分流行，這是全拜威廉·庇利（William Paley）這位牧職人士所賜。假如你在郊外小徑上看見地上有一只錶，斷不會以為那是罕見的植物。你會自然地斷定它是製錶匠的作品。這世界比鐘錶複雜多了，我們也必須認定它是出於一個創造的心思，不能假定它是「自己跑出來的」——這是《湯姆叔叔的小屋》(*Uncle Tom's Cabin*；中譯本亦稱《黑奴籲天錄》)托普絲(Topsy)給自己的來源所作的解釋。

其實這比方無濟於事。猶太教、基督教、伊斯蘭傳統均不以為上帝造好了世界就站在一旁，由得它自己去轉。三大教的信徒們都會説，**現在**仍是創造之時。不錯，創世有起點，但這是永不止息的活潑關係的起點。上帝一創造了，也就「矢志」以行動、生命去支持那在祂以外的實在，永不間斷。要是我可以舉另一個類比，這類比可能與錶與錶匠的例子同樣糟糕，那就是電燈的例子。燈亮，是**因為**有電流，可這不等於説，電力本身只在你開掣時才存在，而燈亮則是個遠果。相反地，燈此時此刻在亮，因為電流此時此刻在流。照樣，上帝的活動此刻在流動，使我們成為真實的。

創造是此刻的事，這念頭教人振奮——即是説，萬一上帝稍不留神，偶有閃失，我們馬上灰飛湮滅。同時，也説：任何情況，何人何物，均有上帝的行動在其中，祂是一切的白熱中心(white heat centre)；又即是説，我們縱使未去想它，其實已經與上帝有了關係。還有，我們所遇的人事物，在與我們未有關係之先已經與上帝有關係了。倘若這樣的想法也不教我們以恭謹和希奇之心面對世界與他人，我真不知有甚麼別的想法可以做到。

基督教最偉大的思想家之一——阿奎那（Thomas Aquinas）在十三世紀說過，別以創造為一個有過去和以後的事件，或者是一個環境的轉變——彷彿之前是混亂一片，及至上帝出現整理才得改變。這是古代流行的想法。創造其實是上帝與非上帝的一切建立關係的行動。在永恆裏，惟上帝獨存——超乎時間，不會改好或變壞，斷不改變。當上帝發命創造與祂不同的世界，時間由是開始，一個全賴上帝而立的實在也告立定。這實在須臾不能離祂而立，隨著上帝活動的源流而走。我們所遇見的一切背後，所蘊藏的正是這活動。我們視為屹立不動和恆久不變的，如座堂巨柱、崇山峻嶺者，其實內外均具強大能量與運動。科學家當然會告訴我們，表面看來堅固不移的東西，裏頭的次原子粒正在狂飛亂舞。神學家應該為著這樣的話眉飛色舞，因為它把活動和能量放在核心位置，但他也想更進一步指出次原子粒裏頭還另有更根本的活動，非人能量度和觀察——從上帝傾流出來的生命。

宇宙間眾生靈皆上主造成
神能力貫萬物，神是真生命

這兩句出自聖詩〈永生神就是靈〉('Immortal, invisible')的歌詞道盡了一切。這是真正的基督教創造論；這創造在我們書寫、談話、閱讀之際仍在進行中。我們的禱告和聖詩，甚至是我們的聖經都不乏這樣的看法，尤以舊約「智慧書」與次經(Apocrypha)為然——箴言、約伯記與詩篇的一些片段、《所羅門智訓》、《便西拉智訓》等。《所羅門智訓》七章是其中最美的一段。它以溫柔的靈喻上帝的智慧，描述它聰穎、和平、智慧，漫遍宇宙、時刻尋找人間友伴，甚望寄居人的心思意念之內。使徒行傳十七章則記述，保羅對雅典知識分子論道時引述希臘詩人的話語，贊同「我們生活、動作、存留」都在上帝的裏面。

只要守住這些思想，信仰與科學之間**某些**無謂的對立自當消失。信仰不是試著給你提供有關世界的另一套機械理論，卻引領你多走一步，越過具體細節、越過大爆炸，去想像那全無限制、全然高超、全然自足、不斷外傾，帶來所有的實在的活動者，即是萬物所本者。創造論所論其實不是萬物如何開始，而是，如阿奎那所言，論到萬物與上帝的關係。你所遇到的一切之所以會存在，全因上帝定意如此。

當然，問題馬上出現，我們可以誤解這話，並且推論說，既然上帝居於萬有之中，上帝與萬物當然也無真正分別了——這叫泛神論：「上帝等於萬有。」要緊記這樣的混亂之所以出現，原因是沒分清那沒有外因的行動（上帝的行動）與其他所有互聯互動的系統之間的關係。上帝毋須（邏輯上也不能）「延展」自己，像橡皮給拉長或者像液體般外流。祂所造出的，並非祂的一部分，然而卻與所造的一切保持著自由而關愛的關係。受造的也不是「內蘊」於祂裏頭，像信柬藏於信封之內那樣，而祂也不是藏在受造的裏頭。這些關係也不是時空內的關係，因為時空也只有在上帝創造當時才成為當時（剛才所用的「當時」也不太合適，可見我們講這話題，思想上的挑戰也不小。）其實，沒有創造，上帝仍舊是上帝，榮美絲毫不減。上帝在受造界的臨在也不是一種自然律，乃是祂自主選擇生發的果效。泛神論所講的是：將萬有加上來就得著一個上帝，又或者以上帝為那貫通一切的宇宙定律。基督教所講的則是：萬有的總和全賴上帝的行動定旨才能得著維繫，而上帝並未被這一切「耗盡」——即是說，拿掉整個宇宙，上帝仍在，照樣偉大。

可是，最大的難題仍未解決：惡的難題。既然萬物的中心皆有上帝的作為，包括一切事物、進程，那麼，天災人禍、癌症海嘯跟這個有甚麼關係？我們得先此聲明，我們無法得著一個令人稱心如意的答案，彷彿有了它，我們在面對海嘯山崩之時可以說：「答案一清二楚，毋須疑惑害怕。」如果我們來到這個地步，恐怕已變成麻木不仁、不知人間疾苦了；人的生命、福祉也得不到應有的重視。認真的詰問，深深的苦惱，在在顯示了我們重視人的痛苦——我們的認真程度乃是信仰深度的見證。每一個人所受的苦都是重要的，不是只算為一個統計數字。

這樣，任何暗示人命有等級的解釋，只會暴露其信仰的膚淺。在我們斷言於恐怖而悲慘的世界中根本無謂談上帝之前，我們要先記住幾件事。如果上帝造出來的世界是真的有別於祂本身的，即是祂造了一個內有互動互聯的世界的話，那這世界就是能夠改變的。不同的進程匯合之際，必然在過程中引發改變。在這樣的世界裏，任何事均可以有無限的成因，導致千變萬化的結果。如果這些進程全都排列整齊、永無碰撞、沒有新意，世界就變成一團又一團封閉起來、緊密相連的現象，擔保沒有太大的變化。這麼的一個世界，既然需有自身的某種整全性，某種一致的系統，一個統一的宇宙(***uni***verse)，又是否真的跟上帝本身有很大差別呢？這是個值得爭論的觀點。近年來，我們相當認真地在討論，世上微不足道的現象可以引發相當驚人的後果(歐洲旋風竟然與亞洲蝴蝶拍翅有關)。要為一個包含多個體系，彼此之間完全分隔、毫無互動的世界提供完全合理的解說，是很困難的。

在一個萬事互相貫連的宇宙(universe)裏，凡有改變的時候，看來其過程難保必然順暢漸進。每當互動過程具爆炸性時，災變、「殘暴」時刻是可能出現的。在某個溫度，地大震動，火山爆發；在另一個溫度，冰峯融化。如果世上沒人類或動物，這一切都不成問題。但這世界是一個整體來的，唇齒相依；在進程中孕育出生命與智慧，亦為世界的整體性之一部分。這個充滿自然進程的世界上，也住著懂得思想、計劃和選擇的活人。世上的人有選擇住所的自由——他們可能選擇住在火山區。

上帝是否應該叫人無法住在某些地方？是否應每見危險便馬上出手相救，發出警告、施行神蹟？準則是甚麼？一碰到這一點，我們也會感覺到這些問題不甚妥當。試問到處都鋪好安全網的世界，還成世界麼？還有本身的整全與規律麼？

人迹罕至的蘭撒羅蒂（Lanzarote）火山地勢

當然，諸如亞洲海嘯之事仍然叫人痛心疾首；明乎此理並不能夠安撫情緒，也不能叫我們停止詰問上帝，向祂抗議。可我們必須保持頭腦清醒，認定自然災害就是自然界的事，是自然律所使然。人類與動物不幸夾在其間，誠然悲慘莫名，但我們又能否想像，受造物每有危難上帝便馬上向自然進程叫停的世界是怎樣的？世界若不只是一張掩蓋著上帝的實在的面紗，不只是與上帝之間沒有接連點的表象而已的話，這個問題還是難答的。即使在這樣的處境底下，上帝仍顯為值得信賴的一位；惡的發生，仍是難解之謎，並不因著人在災禍中體會上帝的真實，而得著圓滿的答案。然而，正如在第一章已看到，人在水深火熱中仍能向上帝忠誠坦白，那也見證了一事：我們是可以向上帝認真的，斷不能視之為自我沉迷的謬論。

那麼，上帝所造的是個**危險**世界麼？照我們所見，事實如此。非上帝本身的所有事物都要面對危險。上帝所造的世界，是個受造者能思想又有自由的世界。這是極端的冒險。但上帝若說：「除了自由，我要盡傾所有屬性給世人。」這可不是很好看的事——上帝根本不肯面對最難的一關，還是有所保留，沒讓那**真正**與別不同之處顯露出來。上帝創造的美意就是盡傾生命與喜樂——其中包括了祂的自由，讓你我這樣的受造者可以活著。如聖經所言，上帝創造了那比萬物更能反映祂榮美的人類時——即是造出了能選擇、能去愛的人——創造的高峯就來到了。如聖經首頁所說，上帝的「形像和樣式」叫人與萬物有別，但卻仍為萬物之一、彼此相連。這樣，受造界內的冒險性與不穩定性又上升到新的水平了。除了自然進程所引發的之外，還有人類的抉擇所帶來的危險——純粹出於愚蠢的，以及處心積慮對人、對上帝心懷惡意的都有。

如果我們要以較為隨便的態度去講這問題，我們會問：上帝對創造世界這件事到底有多**重視**？如果祂重視此事，祂必定盡傾一切，不會絲毫留力，以致又將世界拉回到自己裏面去。這樣，宇宙裏面就該有能夠充分顯出上帝的自由、愛心、又具有上帝創新與建立關係的能力的人。世界之所以危險，正因為上帝極為重視它。它是個複雜的創造，萬有相貫，精妙脆弱。觀乎如此創造，置身宇宙的我們，所面對的挑戰是要不要信任創造主。理由不在於安全獲保障，乃在於祂永遠常在、與人相近、帥領一切，即使處境惡劣非常也是如此。置身絕境的人往往最能經歷上帝的同在。舊約的約伯經歷了沉重的痛苦，損失慘重，但他說：「他雖殺我，我仍信靠他。」（伯十三15；按：依原書經文直譯）今日，仍有人講出類似的話，不容隨意抹殺掉。

你也許會說，這是高深的解釋，道出宇宙運行的奧祕，但基督徒不是要相信神蹟的麼？聖經不是說上帝可以隨意淩駕自然律的麼？如果這是聖經教導，受苦的人喊之成理：「上帝為甚麼那時候介入，此時卻置之不理？」為甚麼祂聽某些禱告，又拒絕了別的禱告？我清楚記得幾年前有一個非常熱中於靈恩禱告小組、信心十足的人提問說：上帝既不過問北愛（Northern Ireland）暴力衝突，組員為何還要為了找著停車位而感謝祂？

問得好。要回答這問題就得回顧第一章所講的「全能」的意義；要緊記「全能」不是有求必應的同義詞，這「全能」與我們所想的不同。我一直努力指出的是：上帝的全能當被視為慈愛同在的泉源，永遠在萬事的核心運行著，在不見天日之際，總替我們開出路。好，這跟神蹟又怎樣扯上關係？

好，其中一樣不可有的想法就是，像部分人那般以為上帝聽禱告如同處理大堆申請書一般：篩選過後就分派給天使去執行。第五世紀的奧古斯丁的看法似乎較可取——神蹟只是自然律的「加速版」。也許奧古斯丁這講法稍嫌簡陋，但他抓住了後來的中世紀思想家以不同方法加以演繹的基本思想。要是我們四周根本就是充滿了上帝的作為的，我們就毋須把上帝的行動與世上的進程，視為兩套互競長短的東西。但世上的進程，如果有部分在某時候向上帝終極的目的更開放，因而更加緊靠一起，促成更多的事件集束在一起，那又將如何？世界可不可以讓上帝的潛在作為有時候更加「透明」地顯露出來呢？

上帝一直沒有停止作工；但所作的不一定讓人看得見。上帝一直都在作工，但世界的進程有時候與祂的終極目的相配，有時則背道而馳。但世上某些事情若在某時候匯合一起，「流向」可以更直接暢順。迫切的禱告、聖潔的生活，或許真的可以叫世界向上帝的美意更加開放，帶來意料之外的結果。但要完全掌握箇中奧祕是不可能的，因為我們沒有上帝的全部視角。我們只能說，似乎我們的一些思想言語、行動能夠讓上帝在我們的世界上「有更多行動自由」。不論我們能否明白所發生的，我們還是有責任竭盡所能促成此事。我們的禱告與行動，所求的是總要造成一個讓上帝可以更直接介入的狀況。這不是說我們可以操控這過程；神蹟不是法術，我們永遠不能夠有一本所求必成的技術指南。能穩操勝券當然可以高枕無憂，但我們沒有這個方程式。我們只知道上帝吩咐我們禱告祂、信靠祂、過誠實正直(「聖潔」)的生活。這樣，我們就時常保持開放，讓萬事相匯，讓愛有通暢的道路。

如前所述，上帝總有開門的自由，永遠能創新猷。我們可以選擇是否更加配合祂的自由，或者更少配合祂的自由；可以順應也可以抵抗。如果我們常存這樣的想法，也許有助思考禱告是否蒙應允的問題——不再受制於上帝是否偏愛某人，或者是否某些人按對了鈕掣，拉對了關係，又或者動員了相當的人手，叫上帝終於不得不出手。你聽見的上列想法正是不少人對禱告的看法，但只要你稍為以基督教的教義仔細一想，馬上發現這些想法相當無稽，而且對上帝不敬。其實，我們只知無論是禱告、是愛的行動、是虔誠的事奉，只是可能有份扭轉乾坤、打開門戶的千萬因素之一而已。

可耶穌的神蹟要直接得多吧？對的，在某程度上，我們應該這樣看。耶穌所在之處（下章再詳論此點），禱告與聖潔均特別強烈，因此，在祂的人類實在之中，門戶也格外開敞。許多聖人也有相仿的情形，程度俱各不同。**但**即便如此，我們仍得注意福音書從未說耶穌可以為所欲為，得心應手。主自己說，人們對祂的信心叫他們得著醫治；人若對祂沒有信心，祂能作的也有限。馬可福音六章有一段令基督徒吃驚的記載。經文說耶穌在拿撒勒「不得行甚麼異能」，因為他們不信。即使耶穌親臨之處，也不是萬事皆通的。

因此，最早的基督教畫像中的耶穌，儘管有時候給人一種印象（相當迷人），好像手持魔術棒，要風得風，要雨得雨。但祂才不是這樣，祂的神蹟乃是在於祂豐盛的憐憫與其他元素配合起來時產生的。此時有些特別的能力釋放出來，叫事情得以逆轉。其他元素，指的是病者的信心，或是父母親友的信心。這樣，神蹟既完全是上帝的作為，也是禱告、信心、虛心為上帝帶來空間的結果。還有（這是很重要的一點），如果沒有奇迹，也不能斷言說病者信心不足或者不配得醫治。一些「醫治者」的這種想法就為人帶來傷害。我們就是不全然知道禱告到底造成多少的改變，也不知道還有些甚麼東西妨礙著它。

有兩個涉及耶穌的著名神蹟，亦是與下一章關係密切的神蹟，是值得講一下的：祂的降生以及祂的空墳。前者聲稱上帝越過了人間生育常規，叫童女懷孕生子；後者說祂死後復活，身體改變了，且向友人顯現。許多人對此不以為然。這兩件事往往成為正統與非正統基督教的分水嶺。我得承認我對這樣的分辨方法感到不太舒服——原因是脫離實際單憑個別故事定是非，是沒有太大意義的。但我對於那些不假思索地斷言神蹟為一派胡言者，也同樣感到不舒服，他們以為這些事迹全部是隱喻。只要我們**沒有**先入為主的意見，而是先從上帝無時無刻都激烈地維繫著這世界的一切，這偉大的思想入手，深知祂常在我們的眼光的彎角之處，也許我們不會再處處懷疑。試想想，馬利亞要有怎樣的信心，才可以讓生命之門本身在她身上敞開？耶穌的信心要多大？祂與上帝的關係要多好，才足以叫祂相信死亡不能禁閉祂，叫祂成為歷史陳迹？當然，這些問題不能掃除所有問題，卻有助我們作出結論。相信這些故事不等於叫你信神蹟的魔法，叫你信一個一意孤行的上帝。

上帝——奧妙地——創造了一個可以受人妨礙或玉成祂在歷史某處作為的世界。我們若騰出空間，以禱告的心和應祂，確認祂的心意，事情往往出人意表。凡神蹟必反的態度背後，可能對創造主堅定同在和行動隱藏著一種猶豫，對於祂時刻圍繞著我們，永不間斷的工作毫無把握。背後可能藏著鐘錶匠的上帝觀，上帝上好發條之後，不知跑到哪裏去；這樣的觀念根本無法與聖經和基督教傳統相協調。我們所信的是：上帝在世上活潑的同在一方面是眼不能見、深不可測，另一方面又距離極近，不分時地，不分遭遇，近得叫人透不過氣來。地殼下流著不羈、可怕而又奇妙的溶岩，在這不甚安穩的世界上，那位在碧威麥田（Peckham Rye）看見滿樹天使的詩人威廉．布萊克（William Blake），要比威廉·庇利更適合當人生的嚮導。

這樣的理解也可能引發思考：我們在世當怎樣自處？《尼西亞信經》說，我們信靠的上帝是「創造天地和有形無形萬物的主」。這句話提醒了我們，受造界並非全在我們心智掌握之內的，是遠超於我們所能及。《可蘭經》第十六章也有相似的話，以為真主所造的，既包括與我們及我們的福祉有關的，**也**包括那些我們茫無所知的。在這方面，基督徒與穆斯林、以及其他宗教的人士顯然有共通之處：世界上的一切並非全部供人操控利用的。它有它的奧祕、隱蔽的事物與連繫（有些連繫我們發現得太遲的，例如二氧化碳對大氣的影響）。宇宙萬物首先是與創造主有關係，其次才輪到我們。因此，面對受造的秩序，恭謹謙卑是應當的。目前的生態危機可謂是對人類存亡的最大單一威脅，為期從中到長期均說不定。在宗教信徒眼中，起因在於我們忽略了萬物與上帝之間的神祕關係，只顧貪圖方便，把萬物消耗淨盡。

上帝創造了我們可見可理的，也創造了我們不

消費的速度競賽

可見不能理的。這倒不是叫我們不求甚解，不思進取；乃是提醒自己，我們不是一定能夠洞悉一切天機。我們總不會停止迷惘驚歎。我有時候想，基督教之所以要講天使，作用就在於此。有關教訓聽來奇怪，但思想這些奉行神旨的神祕特使，這些另一領域的活物，正好叫我們確定宇宙間有些事物是我們無法參透的，而天使正是個有力的象徵。想到天使，我們總流於煽情瑣碎——不是拿來作聖誕裝飾，就是把他們當作神仙人物（即如近年許多談論天使的書籍所見），但聖經裏的天使往往叫人望而生畏，偶爾在異象中一閃而過。他們服事上帝的工作是奇特的，不是我們能夠看透的。在宇宙大讚美與大敬拜的場合，永遠都有他們在那裏襯托著。他們是巨「獸」、「活物」，噴火的飛蛇，專職扛抬上帝的車輦，以頌讚的吼聲充滿耶路撒冷聖殿，互相呼應猶如深洋中的巨鯨。這是以賽亞和以西結的天使，與聖誕卡風馬牛不相及。有時候，他們以人形出現替上帝傳信息，以及化身情境中的事物，讓身處其中的人知道這是戰競和真實的時刻；他們認出自己遇上了矯裝的天使。

姑勿論你是否相信真的有天使——不少現代基督徒對此存疑——至少還是值得將他們視為簡略的說明，代表著我們對宇宙的理解多麼不足，也代表著那闋常伴隨著我們的宇宙頌歌。如果我們只顧用理性去消除這一切，我們就坐失上帝宇宙的繽紛精奇，只把宇宙當作實現自己議程的場所。

我知道認真看待天使會在今天遭人投以奇異目光，可我們所失的並不是作畫的素材那麼簡單。任何有助校正人生目光的事情，在今天這偏執上癮的世代裏，都不是浪費時間的事。這世代的人總以為，凡與我無干的事都是沒有意義的。在最後，我還得一談，信仰這位與一切都有密切關係的上帝到底是甚麼一回事。教會信經寫成的年代，社會上流行的看法以為，全能父上帝並**沒有**創造天和地。畢竟(假如仍記得上文)我們身處的世界複雜難明，許多黑暗與危險，不乏醜陋荒謬的事。那麼，聲稱它是次等神明力不從心之作，或說，它有些部分是上帝的傑作，有些部分出於惡鬼之手，豈非簡單得多？

任何在夏天碰上討厭的黑蜂羣的人，恐怕都會問幹嗎要造出這些東西來。惡的難題是更為嚴重的，只要將創造的責任分給不同的神祇，這問題馬上迎刃而解。在基督教發展初期，這一類思想是頗具吸引力的，今天亦然。所以，信經開宗明義指出世界不是意外或災難。正如聖經第一章說的，上帝所造的都是美好的，沒有一樣(也沒有一人)本為惡的。正如我們所指出的，世上各因素的張力、碰撞，造成了我們可理所當然地稱之為壞的事，可這是事故所致，並不是有些按定義而言是邪惡的「病毒」藏在某些物體或人之內。那麼，人生與自然現象全部是上帝所關心的；沒有任何人事物按本性為上帝所惡、為上帝所輕，每一事都需要由祂負責。

我相信大家也知道，有時基督徒給你的是相反的講法。舉個最著名的例子。過去幾百年來，有關身體和情感的教訓幾乎都說，上帝迴避我們的這些生活範疇；愈少談這些事就愈叫上帝歡喜。可上帝如果只對我們「蒙悦納」的部分感興趣，這麼的一位上帝可說是十分狹隘的。要說上帝是為全宇宙負全責的，是相當冒險和具挑戰性的，因為這免不了面對艱深痛苦的道德和思想問題，但我覺得這難題之大，還不如將上帝局限一隅的問題來得更大。

相信一位創造有形無形之物的上帝，事實上甚具實際及個人意義，即是人生可以完全地**整合**起來——不是支離破碎遮遮掩掩的，而是毫無隱瞞的。「可見及不可見」，看見沒有？你我的生命均有這兩樣。有些是我自知的；有些是我不自知的——還有一些是我**故意**不想知的，是我引以為恥的或者令我受驚的。但我的一切仍是演繹著上帝的創造，有些演得好，有些演得不好，有些平平無奇。上帝所賜的，有些用得好，有些給糟蹋掉或者沒有掌握得好。當我說上帝創造了我整個人且關心我們每一個人，意思倒不是說我們愛怎麼樣都沒所謂——而是說我們每一個角落都得讓上帝來照亮，祂總有辦法幫我們。還有，我們也不必因著基督徒關心政治、經濟、藝術、體育，或提出難答的問題，或作出貢獻，因而感到希奇。上帝若是**這**個世界的創造主，世上沒有祂的禁地。

上帝既是創造主，當然能夠叫我們這些大部分時間都在混亂、恐懼、破碎中打滾的人，可以恢復某程度的完整。祂能夠溫柔地引導我們面對那些不能接受的事，甚至靠著祂的恩典使之成為有意義的事。祂能夠將散落的我聚合起來。祂對自己手所出的，不會感到乏味、厭煩、難耐，縱使我們搞砸了一切。創造之主與赦免之主就是這樣絕對相合——即如第一章所意味的一樣。

信經的頭幾句，說的不是單單關於宇宙的起源，而是關乎宇宙、你我、社會的今天，它們表達對上帝的信任：上帝能叫我們與自己、與世界復合，除掉黑暗，醫治我們，使我們繼續追隨光明。祂能叫我們的身體靈魂相合，成為合一而有意義的生命。我們在後面講復活時就明白，復活的信仰告訴我們，上帝在永生所要保存的，不是虛幻朦朧破碎割裂的我們，而是我們所成為包括身體靈魂完好整合的那個人。當我們宣告說，我信「上帝，全能的父，創造天地和有形無形萬物的主」時，我們就是堅持在生命的所有支離破碎、衝突和缺陷裏，我們總有理由盼望我們的生命終可完好癒合——正如這紛亂而危險的世界被上帝緊抓不散一樣——以至上帝自己那一貫不變、忠於自己的主動大愛和榮美，能夠在宇宙裏反映透徹。我們也有理由盼望，我們雖置身受造的複雜系統之內，也能夠在這受造界的現實中，某程度上顯明那慾生萬物的愛是多麼的豁達慷慨。畢竟我們是按著這位慈愛的創造主的形象被造的。

大衞・瓊斯，《天使報喜》（局部）

大衛．瓊斯，《神而人者》（A Man for all Seasons, *Sanctus Christus de Capel-y-ffin*），1925

3 神而人者

我信耶穌基督，上帝的獨生子，我們的主

我們在第一章約略交代了基督徒何以認為上帝可信可靠：祂是清楚表明心迹的一位。二千年前活於人間的拿撒勒人耶穌，被身邊同伴視為一把打開上帝屬性與用意的鑰匙。全賴祂，我們才能夠掌握這樣的神觀：上帝是傾力為人謀永福永樂的。耶穌被釘十架之後不出數十年，已被稱頌為「上帝一切豐盛均有形有體的住在他裏面」（西一19）。在祂身上，上帝的美旨暢通無阻地得以實現，上帝的作為清晰可見，人們說上帝的生命已「寄寓」其間。上帝在祂身上的作為真是超凡入聖。

人世間又豈能有此事？在耶穌時代，猶大社會對類似的事並不習以為常。不錯，自詡或被譽為上帝所膏立的復興特使者大有人在，但從沒有被別人奉為上帝的。這也不是因為年代久遠，傳說遂生，

歷史上的耶穌被千奇百怪的傳說所湮沒。其實，在最古老的新約殘篇裏已可找到一些最崇高的稱讚了。當時，拿撒勒人耶穌的摯友尚在人間。

要回答這問題，必先參考信經著墨不多的一個範圍：耶穌在世所行的實際事迹，亦即四福音向我們所展示的。耶穌留在人心中的印象，在乎強調上帝介入人世，伸展治權。我們終必認識上帝作王是甚麼一回事，也明白全然歸祂管治、別無主子是怎麼樣的。耶穌大膽倡議，活在被上帝管治的世界與社羣裏其實很簡單，只消接受耶穌所說與所賜的就行了。接受上帝的管治即是誓死與耶穌相伴，信任祂所說關乎上帝以及關乎你的一切。

只要你肯與耶穌為伴，包保你脫胎換骨，成為上帝新世界的一分子，祂的管治已然臨到那新世界。當然，你仍廁身今世，當中仍有意圖與上帝平分秋色的勢力。但它們已不能再宰制你，你可以選擇合作與否，一切都視乎它們影響你受上帝管治的程度有多深。你的生活為人成為將來之事的前兆，是上帝治權的預嘗，也是一個邀請；儘量地叫最多的人同來投誠，接受上帝的管治，力抗一切與上帝為敵、叫人受它們轄制的勢力（不論是自然的或者是超自然的）。

被譽為「八福篇」的馬太福音五章（「虛心的人有福了……」），與其說是一套規則，不如說是接受上帝管治者的生命素質，即是安於信賴上帝的善意、有饒恕之心、清心專注、愛慕和平公義、甘於忍受攻擊而不報復。有此素質者其實已經屬於新世界了：天國是他們的。再清楚不過的是：這是甚具社會性與政治性的信息，可又不是單憑社會與政治改革所能達成的。經文所描繪的那種新生命必然對今世的種種帶來衝擊。惟有藉親自接受耶穌所說所賜的一切，才可以得著生命的更新。

對耶穌當時的世界來說，祂所說的一切都是切合時需的。昔日的猶太人非常關注當大變天之際，即是在上帝的管治終於完全確立之日，誰可算為上帝之真百姓。不同的猶太組織人言人殊。有人說，遵從獻祭規條，聽從祭司領導即可。也有人說，還要遵守所有世傳規矩，包括所有枝節。也有人說，你要退隱沙漠，加入門規甚嚴的羣體才行。耶穌所說的別樹一幟，打破了所有的常規，既非靠著恪守律例清規，也不是遁入空門。祂為著怎樣堪稱為上帝子民定下革命性的新意義，前無古人，後無來者。

要明乎這一著是多麼具革命性，就得記住猶太聖經一再強調說：以色列百姓是因著上帝的呼召或邀請而產生的。只要一讀申命記，聖經中得第五卷書，即是最重要的以色列律法彙編，馬上清楚看見同一重點：以色列的存在完全在乎上帝的選召所使然。一切都在乎上帝的應許與召請。但現在，有一個人跑出來當教師，就是拿撒勒人耶穌。從效果而言，祂所說的是這樣：「凡接受**我**的應許與召請的，就可以成為神的子民。」要與上帝有份，要成為新世界的一分子，就得與耶穌緊緊相接，全心信任投靠，視祂所作一切即為以色列上帝親自所作的，祂重塑重尋那從世上選召出來專歸自己所有的子民。耶穌活動所及，不論是醫病、是赦罪、是重新接納當年不容於以色列社會的各類人物 —— 無法全守禮儀律法或者違反了道德律法，亟待修復與上帝關係者 —— 在那裏，誠如耶穌所說的，就有「上帝的指頭」在活動。

再說一遍：與耶穌為伴包括了與上帝發展新的

關係。門徒請求耶穌教祈禱，耶穌教他們以「我們的父」作開始。凡與耶穌關係密切的，也跟祂一樣與上帝享有密切的關係，是那種視若己出的關係。如果你站在耶穌所站的位置上，你就可以跟祂同聲同氣，毋須假手任何宗教上的繁文縟節即逕自來到上帝的面前，稱祂為父。有了耶穌，豁然開朗——你與造物主中間暢通無阻，不需任何中介者。後來，保羅更以「在耶穌裏」的字眼來描述這種情況。耶穌為我們開闢了一個新的位置，開拓了全新的局面：不是把祂自己擋在上帝與我們面前，乃是把我們帶進祂的生命與經歷中。我們不是單單成為接受上帝管治的新國民，我們更是上帝所收納的家庭成員。

當你存著這樣的心去讀福音書，你就明白耶穌所說的在祂的時代並非無傷大雅的東西。湯樸大主教（Archbishop William Temple）曾批評某些新派神學，說它們叫人以為耶穌到耶路撒冷去只不過是發表一些上帝為父、四海之內皆兄弟也的言論（全是無傷大雅的東西），可惜因司法錯誤死於非命，這些想法真是令人費解。講愛心、講修好，誰會去反對祂？事實呢？「許多人」反對祂——古今皆然。耶穌的時代是個政治與宗教氣氛都異常緊張的時代。祂於其中作工，聲稱自己代表上帝發言，為要創立新社羣、新國度、新政府，甚至改變人對自己與上帝的關係的想法，這一切絕對不是無傷大雅的東西。結果，人們對耶穌的反應，絕對不只恭維祂為萬世師表那麼簡單。

如前所述，門徒對耶穌的崇敬是毋須用日子去醞釀的。叫人希奇的是，新約幾乎沒有**單**把耶穌視作教師或先知的階段，因為它的重點不在於耶穌的**思想**，而在於祂的**作為**。祂的行動和呼籲創立了一個以全新的方式來禱告的羣體，在人世間造成巨大的影響。這麼一來，人們不會淡然說：「真有意思！」乃是警覺說：「這是哪門子的東西？祂憑甚麼可以這樣講？」當時的猶太教世界裏瀰漫許多臆測，是關於天使合法地分享上帝的榮耀，且在末日能夠以某種方式在世上顯現。這一類的詞句及意象，很快就被套到耶穌身上去（看希伯來書、保羅書信、約翰的啟示錄即可知道）。但這還不夠。讀新約就知道作者們不斷要超越這個天使界限。耶穌身上的能力，如果是超乎人所有的，也不只是侍立上帝面前的天使長所有的那一種。祂的能力比這更大，能自由自在地實現上帝所有的應許，彷彿這能力本身與上帝自己是完全相通的。

新約作者們笨拙而緩慢地以複雜甚或矛盾的言辭，終於説明宇宙的創造主親自在耶穌身上作工，而且毫不間斷，耶穌所作的一切全都是上帝親手作的。有一首聖詩就借用了希伯來書一章辨明耶穌與天使之別的經文，來指明「上帝不是派天使到人世間來，高等低等均沒有」。

禱告往往比思想跑得更快。新約作者思路日漸清晰，但在此之前，他們的內心與想像力早就起了變化。在記述最初的教會羣體生活的使徒行傳裏，路加早就記下了司提反殉道的經過。司提反臨終時，不假思索地**向耶穌**禱告，説：「求主耶穌接收我的靈魂！」（徒七 59）正如福音書所載，耶穌門徒曾經對問説：「這到底是誰？連風和海也聽從他了！」祂的仇敵也問：「這……是誰？……能赦免人的罪呢？」我們讀到這裏也可以問：「祂是誰？能接收人的靈魂？」耶穌自己死的時候，按路加所載，祂將靈魂交給天父；而此刻，司提反則把自己交給祂。換言之，基督徒已經把耶穌完全當為上帝、完全與上帝相連不分、能行上帝所行，以上帝稱呼祂是再恰當不過的事。聖經最後一卷書，約翰的啟示錄，復活耶穌的顯現居於所有異象之首位，見異象的先知一見到祂，立即下拜；在稍後的篇幅裏，先知也照樣向天使下拜，馬上被勸阻，語氣也頗嚴厲。

令人驚訝的是，這一切在禱告與想像的層面很早有了定案，思想還得從後趕上，所需歲月，只不過是二次大戰到今天相若的時間。在三十年間發生的事，有許多證據可以稽考。說耶穌是萬世師表，死於非命，後來，由異邦(「希臘」)人士把祂升為上帝，這絕對講不通。人們對耶穌有這麼獨特的看法，其實一早已經有了伏線。有關信念後來更因著耶穌摯友赴湯蹈火、梯山航海、打破語言界限，傳遍四海而更加堅固；他們有把握所講的是放諸四海而皆準，是人人都需要的，是任何人等均能夠明白的。

當中有一個很重要也很出奇的要點。我們很容易忘記古時宗教活動是局限於某民族、某地區，幾乎沒有今天所謂的「宣教」活動的。有些小派會四出帶人入教，但沒有一個自認所講的**這**故事是關乎萬民的。耶穌的羣體在地中海沿岸城市、羅馬一帶所作的，我們略有所知；至於最早期宣教士如何跋涉到波斯、印度等地，我們所知更少但仍略知一二。我們知道他們總是信心十足，知道所講的耶穌對任何地方的人都會帶來挑戰，以及起死回生的作用。在他們看來，耶穌是放諸四海而皆準的，適合所有氣候、語言，能藉著親自同在，扭轉人的一切形勢。從這樣的角度去看，你就看見這如何反響出上帝全能的本質、能夠扭轉一切形勢。

這樣，耶穌體現了上帝的旨意和行動，讓世人可以親眼看到上帝。祂叫我們明白平安頌讚等待著我們，與上帝和好、與別人和好，是看得到也做得到的事。獨有祂使上帝成為絕對可信可靠的。保羅寫給哥林多教會的第二封信說，上帝所有的應許，都要「落實」在耶穌身上（林後一 20）；讓上帝的應許成為確實可靠的，正是耶穌。

故事未完。對，耶穌是人，而上帝在祂身上暢通無間地作工。且慢：福音書裏的耶穌是向上帝禱告的，又說自己完全聽命於父的。祂是個**倚靠**天父的人。在耶穌身上，除了神旨、權能、行動，也有謙卑、回應、領受。耶穌身上的神性臨在，即若真的臨在於祂的每言每行的話，也就是說，連祂的謙卑順服之中也有這份臨在，而不是如我們所理解的只在大有權能之時才同在。我們現在要看得更清楚的是更深的真理：我們不能單視「上帝」為權能和初始；也要包括愛心與感激的往還。用最粗淺的說話來說：耶穌不是在剛強有力、主宰一切的時候才是上帝，當祂向父上帝傾訴，當祂為了愛天父而壓下人性的恐懼、渴求時，祂仍舊是上帝。只要全面地認識耶穌的生平，你就會這樣看上帝的愛：有付出也有接受，有傾倒也有回饋，有主動也有倚靠。這也是新約作者們很早就要面對的問題：上帝不是天上的獨立個體，乃是關繫、內在運動與差別的生命。

當耶穌轉向世界時，那就是上帝的智慧和權能的運轉；當耶穌轉向天父時，那就是子轉向父，所體現的是對神性慷慨的神性回應。上帝的生命並非只是不斷傾出的恩賜，上帝的生命也永遠預示著我們對無私的感激和回應之回應。耶穌是體現於我們本性和世界的神性回應。祂自由暢通、毫無保留地回應父所賜的。回應出於上帝，正如賜予也出於上帝——這是**完全的**回應，既是人所作的，也是超乎人所作的。

基督徒為求保存兩者，是人又超乎人，足足用了三百多年才找到較適切的詞語；可這也不是終極理論，而只是一條可用的程式。然而，在約翰福音一章這章奇妙非凡的經文裏，這真理已勾勒得很清楚(距耶穌釘十架才六、七十年內)。約翰說，一開始，上帝的大能就從祂的身上、祂的心思意念和 *logos*(「話語」只譯出了部分含義)湧流出來。憑著這大能，世界就被造成了。但這股活潑而有傳通力的大能，本身又是「與上帝相連」的生命——希臘文 *pros ton theon*，按字面是「朝向上帝」之意。在這位神性的存在者身上，上帝的心思意念透徹地顯露了；祂又將上帝所傾出的，以愛以誠呈獻予上帝。祂全然是神，卻又是以新模式——不在於付出而在於回應——流出的愛之大能。要是你看保羅的作品，他可沒寫得那麼簡潔，但你還是能找到以下兩個概念：基督是上帝的大能與智慧，又是那位將父所造的一切聚集起來，藉著永恆的愛在時間空間裏所成就的(試比較哥林多前書一章和十五章)，將他們呈獻天父手中。耶穌基督，上帝百姓的真命天子，在上帝的生命朝向世界，以及世界朝向上帝與祂復和的雙重活動裏，祂站立在核心的位置。

毋怪乎聖經作者不甘只把耶穌列為天上能者之一。希伯來書作者語帶不屑地問，上帝又何曾向天使說：「你是我的兒子？」惟有耶穌有此尊榮，惟獨祂體現了上帝永恆的愛與行動。但使基督教與別不同，連其近親宗教也望塵莫及的是：神性生命是有付出又有接受、既倚靠又控制的。即是說，我們人類，同樣需要與人相連，同樣有來有往，既倚靠又控制，也一樣可以在各方面反映上帝的生命。當我們自認需要幫助或獻上感恩時，我們身上的上帝形象，不會比我們有力主持大局或顯示神愛時小。在這個以完全自足為理想的世界裏，這是一個不容易被人接受的信息——這個容後再談吧。還有，我們也看見一件希奇難解的事：上帝從來沒有**開始**建立相愛的關係，因為在永恆裏祂已經有這關係。愛，不必等到上帝創造世界才出現。

接下來是一個人間的敘事，內容是關乎一個巧手工匠的。在寂寂無聞的小村落裏，有外國軍隊駐守這

落後的地區。也許用今天的情況來講，故事主角就是巴士拉（Basra；按：是伊拉克的大城市）附近的修車工人。他穿梭於郊外鄉鎮塵土飛揚的橫街窄巷；他會飢會渴、會醒會睡、要吃要喝，也有七情六慾，也會死。但我們卻被要求，把他的故事當作上帝在我們中間工作的故事，因為他的生命為人類帶來了改變的可能性；只一次就顯示清楚上帝本身、上帝的期望、上帝的作為。四世紀基督教《尼西亞信經》就大膽地這樣總結這個故事：

〔我們相信〕獨一主耶穌基督，
上帝的獨生兒子，
在萬世以前為父所生，
出於神而為神，
出於光而為光，
出於真神而為真神，
受生而非被造，
與父一體，
萬物都是藉著祂造的。

在耶穌裏活著、運行的，乃是首先而獨特的神性生命的「結果」，是未有世界之前那無條件的愛所生發出來的。獨特的實在與父上帝的關係既猶如親子，也猶如火燄之相傳——初期教會所偏愛的意象，到今天還是很好的意象——燭光相傳，不僅不失原有燭光，還可以產生同樣光亮、同樣熾熱的燭光。從光而出的光：父是源頭，將祂的所是所有全都灌注到這個滿溢的「結果」的核心、這個「生成」的實在、子的身上。子的確全享上帝本性的火燄，

「平等的燭光」：南非的祈禱

絲毫不減，與父「同質」，品格性情全無兩樣。世界之所以能夠形成，全在乎這個永恆的關係——上帝永遠是關係與恩賜的上帝，不管宇宙存在與否也不改變。

也許你終於明白為何以上的討論將我們帶到「上帝是信得過的」的核心原因。上帝在耶穌裏所顯示出來的，只不過是祂的一貫真我而已；祂毋須決定要學像耶穌三十年或三萬年之久。上帝根本沒有改變過。兩位上一代的聖公會大思想家，邁克爾．拉姆齊（Michael Ramsey）與約翰．泰勒（John V. Taylor），不約而同地說：「上帝是完全酷似基督的；在祂絕無半點不像基督之處。」[8] 人在耶穌身上所見的，即上帝的所是；上帝的所是；即無私之愛的傾倒與回流。這是上帝的定義的精義，如果我們敢「定義」奧祕的話。信經那句「與父同質」或「與父一體」，聽來艱深難明。你可以從一兩首舊聖詩末段找到這樣的詞語。但我們要珍惜這樣的詞彙，它叫我們明白在拿撒勒人耶穌身上所發生的，以及祂手所作的一切，祂雖置身無名小鎮，卻真是不折不扣地與上帝同質的。有時候，有些新詩集為方便人理解，將這些詞語改換過來，我為此感可惜；這些新版本彷佛在召喚我們發起小型的非暴力抗爭公民運動，不要輕言放棄這些重要的字眼。

上帝是這樣的，所以有了世界。你可以說，上帝慣於分享生命、傾出大愛，是天性使然。祂不是被迫的（好像有外力驅使一樣），而是「率性如此」，所以要造一個宇宙出來，讓更多人可以分享祂的大愛。古時有神學家說上帝有「好生養之德」。幸好如此，否則除上帝以外，甚麼都沒有。上帝藉耶穌的生與死把愛傾注世間，乃是與創世本身，也與父「生」子的永恆真理完全相接的事——就如河是一條，卻有不同景致。

有思想的基督徒斷不會否認這是既難解又刺激的事。一方面，我們看到這人——修車工人：有血有淚，會餓會死；另一方面，我們看到上帝的工作，重塑選民，重整宇宙——上帝的作為、權能的話語。兩者不能分割，正如希臘教會初期的神學家們說的，為朋友拉撒路哭的是祂，叫拉撒路復活的也是祂——兩種生命，一是無窮大能，一是軟弱受制，卻完全無間地合於一身。《回到正統》（*Orthodoxy*）作者柴斯特頓（G. K. Chesterton）在書中寫道，真正的基督教教訓仿似快速行駛中的汽車，非常顛簸，卻又繼續直駛——「左搖右擺又筆直不偏」。我們的基督教歷史充滿了顛簸的例證：時而強調耶穌的人性，忘記了祂的神性；時而把兩者倒了過來（這也許是更常見的毛病）。然而，語言、禱告和圖畫三者總又找到了平衡點，前行不息。這就說明起碼基督教教訓不是呆滯不動的，反而是不斷地從錯誤中汲取教訓的。

為求說明子或道那永恆的神性生命與拿撒勒人耶穌之間的關係，基督徒幾乎用盡所有比喻。一直以來，對我最有幫助的例子是**聽音樂**。當你看到傑出的唱歌家或演奏家，盡力演繹樂章，你可以看見眼前的人如何在技巧和專注力上發揮到極限。那麼使勁又那麼奔放。他們投上一切，為的就是叫另一個人的作品和願景活過來。看看積琪琳·杜普雷（Jacqueline du Pré）演奏艾爾加大提琴協奏曲（Elgar's Cello Concerto）的傳世演繹——那難忘的演奏被攝製成影片——你就明白我在講甚麼了。可你也隨時可以看到同樣的事：於音樂廳，不論曲目是古典或流行；在設有詩班的大教堂崇拜；或是看著大銀幕上的歌手近鏡。他們完全自由自在地施出渾身解數，然而，他們的一切精神、力量、自由、技巧卻又緊緊地扣在等待甦醒的樂章上面。作曲者的願景和幻想必須透過表演者實現出來——既將表演者完全「充滿」，卻又絲毫不減他自身的獨特性。

積琪琳・杜普雷

好，我們能否想想終身只為成全這樣的「表演」是怎樣的呢？現在我們講耶穌的人性時，想要表達的正是這一點。祂演繹上帝的大愛、上帝的美意，沒有間斷、沒有走調、沒有窒礙；然而，祂又完全是祂自己，在肩負此項創意工作時，不減絲毫獨特的人性。在偉大的音樂家身上，我們看見他們的殫精竭力，也看見他們的莫大喜悅。無論是甚麼情況，他們都沒有減少人性與獨特性。在他們的技巧與喜悅完全發揮之時，他們卻又叫另外的一位活現人前。耶穌正是這樣。這個人的生命和意志既使勁又喜悅地演繹了上帝的本性和旨意，也演繹了上帝的道。初期教會堅稱我們不能夠想像在耶穌裏頭有罪時，講的不是負面的事，而是正面的事。祂的表演斷沒有半點妨礙作曲者的地方。當他們說在耶穌的人性裏沒有任何需要上帝「填補之處」，他們只是在堅持說這場表演是一氣呵成的——表演者的人性在表演過程**中**是完全而真實的。要是在表演期間，演員忽然打岔說：「我很想各位知道**我**的感受、我的心聲」，我們都會不以為然。

這樣，中介者只有一位，活的實在亦只有一位，上帝永存的道是永遠帶著權能的，祂在耶穌身上以轉化人身的方式展現世間。「兩種」生命，但實際上活於同一行動方向內。信經告訴我們，耶穌在世的生命是藉聖靈在童女馬利亞身上的工作而開始的，這一點需要加以解釋。誠然，到此為止，信經未提聖靈，但我們稍後會探討這方面的事。我們在此只是略提一下，以後會詳細地思想上帝的生命如何貫通天地，如何使永恆的子活在受造界內。當信經說耶穌降生涉及聖靈，也涉及馬利亞，而兩者都是需要加以申明的，它說的是我們不能僅視之為歷史平常事，世局中的一幕。上帝的作為叫世界得著支撐和生氣，在此尤為呼之欲出，而人類歷史確也創了新猷。

耶穌能到世上來，皆因上帝向世界吹了「氣」(「靈者氣也」)——正如祂在創世故事吹氣進人裏面。但馬利亞若不首肯，這事也不能發生。早前我指出耶穌由童女所生這教義不得輕棄的好些理由；其實最重要的一點正是這個：成事在乎人接受上帝的吹氣。上帝不擱置歷史，隨便的在世上造出一個甚麼來。上帝要邀得一個人的同意，她願意培育耶穌的身量靈性使祂完成合乎上帝所用的人。

走筆至此，上帝古時選民的整個歷史也與此事互相呼應。他們受了鴻恩大愛，自當於世上為上帝

「承擔責任」。上帝賦予選民的一切，最後都集結在馬利亞身上，看她願否為上帝的緣故，在世上肩擔獨特的責任。她獲邀吸入上帝所呼出的氣，在體內孕育上帝聖胎，為祂嘔心瀝血，鞠躬盡瘁。上帝的鴻恩與馬利亞滿有恩情的甘心開放碰在一起，耶穌即可開始活於人間。

信經只提及三個人：耶穌、馬利亞、本丟．彼拉多；一個接受耶穌，一個拒絕祂。你也可以說三人代表了我們的一生：一端是拒絕祂，一端是接受祂。我們一生在其間擺來擺去，在一切的動盪中，有一位能令一切變得有意義。我們要成長就得效法耶穌，祂能夠善用我們的順服，甚至勝過我們的反叛。

論到馬利亞，我們可毋須害怕確認她那特別的身分。歷世以來，她變成爭論的中心。這是悲劇。有時候，人把她誇大渲染得面目全非，也有人把她貶得一文不值。平心而論，她是世上首個將信心全投放在藉耶穌彰顯的上帝的人。起碼她在信仰上是我們的大姊。大姊對弟妹的成長和教育總有一點的作用。成熟懂事的大姊的作用就更不用說了。

馬利亞很懂事，因著她甘心順服，耶穌能在當時當地臨到人世。所以，我們若願耶穌在此時此地也彰顯於世，就不應羞於不時讓她牽著我們的手前行。路加福音天使報訊的主角所付的代價到底多大，實在非人所能想像。如果我們也希望愈來愈信任上帝，那麼，定睛看著她，默想她如何答應上帝的要求，在禱告中與她為友，恐怕不算古怪愚拙吧。

講完了一大堆，還有一個最根本的問題：「何苦**要有**這生命？這個耶穌的生命？——上帝的旨意、定見與這生命到底有何必然關係？」你可以說「道成肉身」、神子降世為人是創世故事自然的結果；有些基督教思想家已把話說到嘴邊了。但絕大部分的人還是貼著看似是對聖經更自然的解釋走，指出我們人類的**需要**才是真正的原因。人陷入危機，碰到了一堵牆，無路可走。有時候，有些基督教的教導先集中於談論「需要」，繼而才談到耶穌的身分以及祂與上帝的關係。我則選擇依循信經的進路，先講「誰」，後講「為何」，兩者並不是互相排斥的。

但對部分人來說，如果先**確定上帝是值得信賴的**，再講耶穌，再深入探討耶穌能帶來甚麼改變，為何需要這些改變，那是較有幫助的。如果先確定那藉耶穌向我們講話的一位值得信賴，因為祂能夠貫徹始終、在萬事上毫不間斷地流露上帝的愛，我們可能會容易一點相信耶穌的生與死所蘊含的真義。若然，正如保羅在歌羅西書說的：「上帝本性的一切豐盛都有形有體地居住」在耶穌裏，我們抓著這番真理，準可更明白上帝在耶穌裏作成了何事，所為欲何。

大衛·瓊斯，《君王的旗幟》（The Royal Banners, *Vexilla Regis*），1948

4 和平溢利

受難，埋葬；照聖經第三天復活

和平頌讚、和好歡欣；神旨惟此，在我們的世界上卻罕見蹤影。普遍而言，人與人之間不見得顯然相和；頌讚上帝的聲音也得費勁才可稍稍聽見。上帝形象在人的心思意念中歷來都似乎以負面、可怕、狹隘方面居多。世界並未完美——如果前之所說的都是真的話。上帝造了我們，又賦予我們自由去彰顯祂的生命，可我們濫用心智與自由，只顧自保而沒有把所得的生命分享出去。路加福音記載了浪子的故事。耶穌描述出了狀況的離家流浪生活有多潦倒，按《英王詹姆斯譯本》(King James Version)的用字是：「沒有人肯賜給他。」我們所熟悉的乃是一個不習慣拿自己所有的與別人分享的世界，更遑論獻給上帝了。這世界是人與人、國與國、種族與種族、階級與階級、宗教與宗教俱各築起圍牆的地方。

我們並未達到所謂「禮物經濟」(economy of gift)、天下太平的化境。在每天的日常生活裏,在家人相處、互表衷情、喧寒問暖、以禮相待之中,我們也體會這種經濟是多麼的基本。可是一去到我們活於其中的集體實在,如國家、文化的層面,這一套就吹掉了。我們明知道付出若是艱難的話,我們會自動地捨難取易,不願吃虧。在你讀下去之前,請你稍停留。即如我走筆至此所作的一樣,回想過去二十四小時……就明白基督所指的「原罪」確實已禍延人性每個角落,難分難解。在蒙莫斯郡(Monmouthshire),當我還是主教的時候,每周都會穿插縱橫於當地的小徑到其他牧區去,但稍不留神拐錯一個彎,就很容易迷路,不能一下子就轉回正確的路徑上。在人類的歷史上,單顧自己是根深柢固、代代相傳的。我們學做人就是學自顧。就如一些近代思想家所強調的,我們全憑眼見別人需要甚麼而定下自己想要甚麼,且要把它爭回來。

我們還未真正作出抉擇之前,我們的選擇已經悄悄地縮減了。講原罪不一定指人類已招天譴、萬劫不復,而是單憑觀察可知,我們學習生存之道時,同時也在學習辨別對自己的生命和樂趣**沒有**好處的東西。個人歷史或是集體歷史上走錯路的經驗就把我們變得更自我，鎖得更牢固。難怪平安離我們愈來愈遠；分享的力量也愈來愈弱。

河水需要復流；惡性循環需要被打破。慷慨毋懼的施予要找到它在人心中的位置，叫人與人的交往得著改變。所要的是具體的歷史行動，所需的是能打破這一切的人。可人自己捲入排斥、自衛的循環中，無人足以作成此事。於是，我們漸漸看到答案的輪廓，開始明白為甚麼需要耶穌。惟有憑著人的話、人的行為可以扭轉人類歷史進程；思想、理想無法成事，所需的是一個叫關係全部轉好的歷史時刻，讓新事真的得以落實。惟獨上帝的自由可以成就此事——上帝的自由（還記得第一章麼？）是不帶任何私心、戒心的。我們若真學會信任創世的上帝，我們就看得見哪裏會有轉化世界的行動。

就這樣，關乎耶穌的神人二性的那些看似抽象的詞語，植根於一個簡單的關注：指出將上帝的自由帶進我們世界的一件人類行動。耶穌就是把單顧自己的人性扭轉過來的人，因為祂對上帝的自由無條件地完全開放，耶穌的人性是被那全然順應父上帝的神性所浸透的——祂所體現的乃是上帝的兒子或上帝的道的生命。故此，這是沒有限制、沒有比拼或嫉妒的生命，是完全傾出的生命。這生命乃是與父上帝和好，也是為人類世界帶來和平的生命，是無遠弗屆的。

一矢中的。這正是我們所需知道的。耶穌是有血有肉的完全的愛，祂的工作殊不容易。在我們這個選擇被堵、迂迴曲折、瘋狂作假的世界上，我們連自己的身分和本質都搞不清楚，這樣的愛不僅不易認出來，也不會被視為自然的，反會被視為格格不入。更糟的是，這位能夠自由地施出的，竟被視為外人，甚至是敵人。在威廉．高汀（William Golding）《蒼蠅王》（*Lord of the Flies*）這叫人毛骨悚然的小說中，西門（Simon）發現島上根本沒有值得恐懼的東西。他趁孩子們在跳神之際（他們想藉此安撫鬼神），衝進圈內叫他們不必再恐懼，結果反被他們殺死。

惟一真正滿有人性的一位，竟被視為人類公敵。再一次，我們不必借用複雜的神祕理論去明白這事。停下來想一想，為何善總叫人不安？狐疑？德高望重的人露出餡時，我們竟然鬆一口氣。人的天性是見真善而逃遁。我們看社會上的「怪罪」現象就更加明白了，我們一起怪罪某人，定他為敵人與威脅，我們就更加團結。如果有人膽敢仗義發言，調停和解，我們只見暴力的反應更大。就以不遠的歷史為鑑：美國民權運動分子所受到的暴力，甚或殺害，簡直令人髮指 —— 但他們本身卻從未使用過任何暴力。馬丁．路德．金（Martin Luther King）在一九六八年遇弒身亡，就是最令人驚愕的事。人若承擔締造和平的責任，就要準備受到殘暴的拒絕。照樣，要在世界上負起責任，叫人知道上帝是信得過的，也要準備好冒險。總而言之，愈肯承擔就愈要冒險。

如果我們以耶穌為人間獻祭者，所獻的是上帝的禮物，把毫無保留的愛獻給父上帝以及這世界，那麼，我們所說的這個人，在世間必然會極度危險、毫不安全。祂要面對人類世襲的抗拒；祂也要負起我們那根深柢固違反真正身分的代價。基督徒常說耶穌「為了我們的罪付上代價」。罪即是背叛真理的狀態。罪必有報，我們必須依價償還。我們若不從真理、自欺欺人，也必自動定罪，囿於自毀己命的困局中。我們絕對不可能背乎真實而又希冀永垂不朽（環保危機是我們集體犯罪一個最鮮明有力的

人類自相殘殺的代價：巴士拉的難民

提醒）。所以，當耶穌受到祂時代宗教政治權貴徹底而暴力的拒絕時，可以說，祂所體現的，除了上帝的旨意和可能性，也體現了人類自我破壞的結果。

懸掛在十字架上的耶穌向我們宣告說：「這就是你們違背真理的寫照：你所蒙的是無條件的憐憫，你卻嗤之以鼻。你淪落到一個地步，連生命也認不出來。你無力分辨生死，在你裏頭的實在已經喪盡。」臨到耶穌身上的一切：可怕的酷刑、淒厲地呼問上帝為何離棄祂時的心靈煎熬——乃是我們下場的寫照，這死亡是失真的，是與實在割斷了的。當我們拒絕耶穌所賜下的，我們就顯示了自己的方向。在這意義上，至少可說祂替我們擔起了罪債——擔負了我們恆常行事為人的結果。保羅說祂「成為」罪——即成為我們本相的一種具體形象；叫我們身受的咒詛歸到祂的身上（林後五 21；加三 13）。

為了更佳表達這個意思，新約採取了不同的詞彙和意象來描述。其中最明顯也最貼切的，當然是**祭牲**。在希伯來聖經裏，獻祭是與上帝復和的行動。人因為道德或禮儀上的過失與上帝起了隔閡，就得尋求和解之道——明知代價不菲也得照辦。這樣，耶穌可以說是一個獻祭。耶穌所獻的是祂的所行與祂的身分，以此為世人與上帝修好的代價。早在基督教時期開始前不久，猶太思想家已經按希伯來聖經形塑了一個以順服的人生為祭禮的概念，甚至視之為惟一有效的獻祭。耶穌全然符合上帝旨意的生命，絕對堪稱為這樣的獻祭。祂死，正因為祂與上帝和諧一致；這樣看來，順服也就是一份血祭了。祂流血，即如摩西律法下的祭牲一樣，為的是清障復和，叫上帝與世人暢通無阻。

但獻祭不是惟一的意象。耶穌的死是一筆贖金，將被綁架的人從綁匪(指毀滅的勢力)中救出來；它是本該由我們承受的刑罰，卻被清白無辜的人自願擔代了，它甚至是一個炫耀勝利的行動，把註銷了的帳單釘在十架上。我們有必要緊記不同的意象，且要明白箇中原因。它們全部同樣重要，但不可被視為解釋耶穌之死的不同理論。對我們來說，至為重要的信念就是耶穌必須犧牲，我們才可享和平。耶穌必須死，我們才可以自由，與其說是上帝一成不變、誓要討債，以致要祂填命，不如說是這世界的作風所使然。在我們所處的這個世界，在我們有份塑造和串通的世界裏頭，毫無保留的愛所付的代價正是這樣。抓緊了這一點，各種救贖意象與理論就變得清晰了。《尼西亞信經》言簡意賅說，祂是「為要拯救我們」。上帝永恆的道**為了我們**進入馬利亞腹中展開了人世間的生命。要明白耶穌的整個故事，就得抓緊這一條「為了我們」的鑰匙。有一首兒童聖詩《城外青山歌》(“There is a green hill far away”)說：

祂被懸掛受苦

深信全為我們

相信不少人能記得這些歌詞，很基本，但也很精準。東正教禮文對基督的讚美也一樣：「祢非帶我們進天家，絕不罷休。」我們的理論難免太迂迴，強差人意，但我們其實只需知道，不管救我們脫離自我毀滅與捆綁的陷阱所需的力度要多大，受苦節那天所發出的，**已經完全足夠**。耶穌已全然進入人類經歷的最深處，包括在十字架上被上帝唾棄的可怖感：祂一直保持著與天父的和好關係，終使祂忍不住哀號說：「為甚麼？」祂已到達了罪與偽的最盡處，到了地獄的邊緣。

有些人——例如改教者加爾文（John Calvin）、近代天主教作家巴爾塔薩（Hans Urs von Balthasar）——甚至說祂在十字架上經歷了地獄之苦，即是永遠與上帝隔絕之痛。這種推斷難以判定，且難以達成一致的陳述，可也嚴肅地說明上帝多麼甘願陪著我們穿越罪的結果，從離祂最遠的一點，就是超乎我們所能想像的地步，帶領我們回到祂身旁。其實《使徒信經》那句，耶穌「降在地獄」（"descended into hell"），原意不是這樣。拉丁原文所指的只是「陰間」(“the places beneath”)，指的是以弗所書的一句經文，說耶穌下到受造界的最低點，且也升至最高點，使祂「充滿萬有」(弗四 10)。為此，祂到那些地下監獄去，對耶穌時代的某些猶太作家而言，那地方就是亡靈的住處。彼得前書也有類似的思想(彼前三 18～19)，但經文的解釋卻不一而足，有以為在基督降世前而死者，可獲一次機會得聞福音並被之轉化。東正教徒一直這樣看待耶穌的復活——不是脫墓而出，而是毀掉監牢的門，讓亞當夏娃、大衛、所羅門等舊約人物得著釋放。

我們再一次看見主題就是：因著上帝的自由，不管任何情況，總有一扇敞開的門。甚至在那些無緣面見耶穌的人身上，上帝在耶穌身上的工作也依然有效。在出人意表之外的地方，即使是死人所住的陰間，仍有一條通往平安與頌讚的路。耶穌已「充滿萬有」；在人生的一切經驗中，耶穌都同在，把門打開，每處地方都改變了。

冷戰過後，各處都在談論「和平溢利」——既然

省下大筆軍費，減少核武，自然有錢推動發展、賑飢扶貧。世間情況是否真有改變，暫且拭目以待。但這卻是非常適合套用到圍繞耶穌之死一事上的隱喻（這隱喻可能叫我們更積極、更不耐煩，急於看見世間享受到和平的溢利）。締造和平並不等於在紙上簽了字而已，乃是創出了新局面，釋出了新能量，可以成就新的事。

正因這緣故，基督徒談救恩，不會**只**涉及十字架（雖然乍聽之下只講這個）；乃是涉及受苦節前後的一切，包括十架也包括復活。這一系列的事帶來了新世界，就是保羅所說的新創造。可以說，耶穌釘十字架是清除了一切障礙，讓上帝的同在能以深入世間最悲慘的地方。接下來是建造的工程，叫可能化為現實。至此，我們若看見自找的疏離，不管多麼可惡，仍不足粉碎上帝永恆的愛，我們的雙眼定可看見，也可明白這愛如何重造我們。

復活的其中一個意義就是，顯明上帝的愛如何堅毅不屈、鍥而不捨。我們即使惡行滔天，上帝仍不改變——仍然堅定地作我們的上帝。上帝成了人，慘死於十架上時，祂仍是上帝。耶穌復活，喜慶新生，上帝仍是上帝。有趣的是，讀聖經的復活故事，我們不是讀到一串的陳述句，籠統地指出上帝的愛比惡與罪更強。故事只說當人與拿撒勒人耶穌相遇，看見祂的臉龐，親身遇見祂，也就碰著上帝絕對的愛，昔日如是，今日依然。上帝同樣的呼召、同樣的憐憫，仍然藉著復活後的耶穌的同一張臉龐，同一個形狀臨到人。復活故事中的耶穌依然在招聚門徒，一同擘餅、教導聖經。復活展示上帝勝利的愛永遠都帶著耶穌的音容。因此，將復活縮減為門徒心中所想之事是行不通的，如果我們執意這樣做，結果會失掉聖經明確的信念：門徒的確與復活的耶穌重逢了，而耶穌仍舊作祂所作的，藉祂的同在、音容、觸摸，帶來上帝的同在。新約說在復活日墳墓是空的，我真不知道人若不認真地接受這事，還可以侃侃論述這一切麼？

還有，按約翰福音所說，耶穌向門徒「吹氣」，把祂生命的氣息傳給他們，叫他們有力在世上行祂所行的，也能向上帝和世界作祂的出口，祂向門徒所吹的一口氣引起的連鎖反應，至今仍影響著我們，讓耶穌音容仍在。耶穌釘十架前與人直接接觸，不單在復活後重新恢復，而且是更上一層樓，就是叫祂的朋友們作祂與父的代表，成為祂在人世間的肢體。這是新約所用的比喻。凡與領受了耶穌生命氣息者接觸的，就是接觸到耶穌了，上帝的奧祕就是這樣代代相傳的。遇上了有這樣的靈在身上運行的基督徒的，即是與耶穌同代了。

要記住，基督教先是接觸後是信息。上帝在作工，親自成了肉身與人接觸，打從馬利亞抱著聖嬰的一刻起已是如此。當耶穌所言所行仍然平平無奇，上帝已經同在，已在作工。今日，在領受了耶穌氣息者的團契中——即或他們所作的（往往）平平無奇沒甚麼酷似基督——上帝也在作工，在基督徒的羣體中總有所觸所感。單是同在一起已經足夠。復活的耶穌若然不是一種思想或一個虛形，就是可以藉被祂觸摸了的人與祂相遇。這些人，不論個人成敗得失，都已經領受託付，能把祂有形的同在帶進世間。

由於耶穌本身已不再居於人間，信經說祂「升天」，叫人想起路加福音、使徒行傳門徒目送耶穌上天的一幕。這是圖像式的描述，當然不應因此而以為聖經是有關太空旅行的書。聖經作者早已知道上帝不是住在雲上天宮的，但他們仍是愛用舊約詩歌和詩篇的強而有力的意境來告訴我們，耶穌隔了一些日子之後就不再以實體向門徒顯現了。祂「升天」了。離場了。現在「坐在父的右邊」，我們一仰望上帝就不能不見耶穌。現在，祂的所是、所言、所行永遠融和在上帝裏；我們對神性生命的理解總離不開祂。回到主題去：耶穌教我們可以怎樣更加信任上帝，知道人間沒有任何情況是上帝沒有作為的；耶穌也叫我們具體地看見上帝是信得過的造物主，祂對本身以外的一切是多麼的無私、多麼的關顧。可以說，父子互證大家的信實可靠。

這個「互證」、這互相指向，正是耶穌的生命氣息裏的溝通，是那位奧祕的中介者，被稱「聖靈」者所作的——「聖靈」直譯是「神聖氣息」。耶穌羣體所呼吸的是同一的空氣，所靠的是同一位活命的聖靈，故此，凡蒙召與耶穌相連的，也同時得以像耶穌那樣連於父上帝。按照約翰福音所說的，耶穌在復活日向抹大拉的馬利亞顯現時，說：「我要升上去見我的父，**也是你們的父**。」當保羅說聖靈感動基督徒呼叫「阿爸，父」，用的是跟耶穌祈禱時所使用的相同亞蘭用語，講的是同一回事。因此領受這氣息，在上帝的氣息中呼吸，就是領受耶穌與上帝那種親密無間的關係，坦然無懼地進到上帝面前，享受家人應該享受的。每當我們說：「我們在天上的父」，我們乃是認真表明所信的，承認耶穌已經成為我們生活的氛圍。我們在祂裏面，在祂神聖氣息的大能中與上帝日趨親密，放心自在，同時也索求不止。

氛圍變，世界變。毋怪乎保羅稱之為「新造的世界」。這是呼吸耶穌氣息的結果。教會的詩人有人稱復活日為「額外」的創造日，是一星期內的第八天：原先七天的創造全都給包紮起來，被帶進世界的新歷史裏去，一切從新開始。約翰在福音書裏輕輕一提說，耶穌的墳墓是在園子裏的 —— 令人想起伊甸這個園子；當抹大拉馬利亞初遇復活的耶穌，還以為祂是修理園子的人呢。

我們慶祝復活節，可以說是置身於第二個「大爆炸」當中，屬天大能排山倒海、烈燄滿天的磅

礴，有如宇宙初成。近代作者稱物質的數學、物理能量為「方程式中的烈火」，[9]這也可以套用在復活一事上。古時復活前夕有營火會，祝福後齊點洋燭，令人想起創世記中上帝說「要有光」，就有了光！到了復活清晨，我們會誦讀創世故事，因為這正是我們所見證的：創造大能正在重建整個世界。

復活節的禮儀是叫人忘形的，但我們得小心對照一下現實情況，免得一時不慎，真的以為世界果真脱胎換骨了。新約當然説過有些初期信徒被這一切衝昏頭腦，以為最後的復活已經過去，世界終

雅典聖多馬堂復活節慶典：人海燭光

局已經來到（保羅多費唇舌在好幾處地方向他們澄清）。真相是，在某層面上，整個受造界「已經出死入生了」，可世界歷史還未成為過去，反叛、苦難仍然比比皆是，**看來**世界既未更新，也未得贖。

新的創造的真相乃是說，我們每一刻的歷史已經接上醫治與應許的未來，但此時此刻仍然充滿掙扎不安。未來就是這樣：非我們所能確知與操控。一切都在上帝的手中，我們確信上帝就是故事的終局，歷史斷不會慘淡收場。新約學者談聖經的已然和未然之間的張力，已談了幾十年。明顯地，新約作者確信是有所盼望的，但也強調就本質而言，所盼望的是未知的（「誰還盼望他所見的呢？」保羅在羅馬書八章24節提問說）。

所以，來到信經的這一段，我們注意的是「未然」——基督要「榮耀再臨，審判活人死人」。最後的審判，最後的危機（crisis 源自希臘文「審判」一詞）未來臨之前，難免有其他的試煉和危機；但不管歷史上有多少考驗、痛苦、掙扎，總有耶穌在那邊。到了最後，我們的歷史終結時，祂必在那裏憑祂絕對的真理判別一切；在祂面前，一切都無所遁形，人人原形畢露。

指稱一切未來的遠端總有基督的光把世界真相照出來，這很好辦；可要算出基督何時再來，最後審判何時發生就很不一樣了。某些類型的基督徒專愛搞這一碼子相當山寨工業的事。但新約已一而再、再而三說，這日子時辰是人所不能知的；我們只應把每一刻都當作最後一刻——同時又為此時此地的一切克盡厥職。保羅嚴斥那些以為末日將至而游手好閒的人（見帖後三6～12）：耶穌甚至以人的身分說，連祂自己也無法說出一個日期。祂只是叮囑我們警醒等候，因為我們不知道祂甚麼時候回來。

關於最後的審判，我們所當知的是：知有其事但不知其時。所以，我們要隨時準備面對全部真相。不管這是明天的事，或是三百萬年後的事，我們的下一個行動都應該是一樣的。我們當學習隨時隨在都活在基督真理的亮光中。我們永遠不可以拿最後審判來作藉口，而不去做本質上有益的事——互相關心、締造和平、保護環境。若說反正一切物質都要被毀，就撒手不管世事，實在是愚不可及，不合基督精神。末日已近，何必作工？這正是叫保羅光火的原因。這種態度也許可以滿足我們的虛榮心，增加我們的戲劇感，自以為有末日內幕消息。可是當我們以新約亮光審視這種態度，馬上覺得不妥。馬丁·路德曾說，他如果知道明天是世界末日，他還是會種樹——即是今天的美事，終歸是美的；不會因為時間縮短而變質。但平衡最難，保羅一面叮囑我們活在當下、克盡厥職；一面勉勵我們活在基督將臨的亮光之下，即能免為今世逸樂纏累。我們需要的是知所先後，不必受制於所謀的成敗，也不必為著生活享受與保障而煩惱。我們當作的就是克盡厥職，然後安然說：「所謀不成，心安理得，上帝仍是上帝。」

約翰的福音較諸任何經卷都更加注重當下、叫人「行在光明中」——慣於面對耶穌真理的詰問，叫我們無法用藉口來自欺。基督徒每天都念主禱文說：「不叫我們遇見試探」——但多數不明所指為何。其實原意明白不過，就是求上帝不要出其不意的考驗我們；不要叫我們在絕對的真理與慈愛面前一絲不掛、驚恐失措、一片混亂。請求祂給我們時間適應基督透視一切的鋭利光輝。求賜今日飲食，有力走今日的路程，學習今日的美事，以致更有力量面對明天的考驗——更要準備好在基督回來之日面對關乎忠實誠信的終極考驗。

新約將兩股繩子不斷地交織起來：一股是基督再臨的光輝榮耀、透徹磊落；一股是每天治死自我，並我們那些可怕的習慣。我們一方面要在末後的亮光之下生活——不要死氣沉沉，惶恐不安；同時又要努力不懈，叫自己從逃避上帝、自己、他人的陰影中走出來。每當我們讀經、擘餅，我們就走出陰霾，反璞歸真，活在耶穌裏。

這是值得一再複述的話，它叫我們回到本章開頭的地方去。我們無法獨自學習真理，也無法獨自成長。重造上帝子民的羣體，就是耶穌的一生、受死、復活的宗旨。人神復和同時帶來人人復和，以及與萬物復和，而我們也是萬物的一分子。我們太容易犯的毛病就是把救恩看作純個人的事；聖經卻總把我們領受上帝的平安與憐憫，放在羣體的前提之下。這羣體是以上帝的道與行動造成的。學習適應真理的亮光是，需要大伙兒一起做的事。

聖靈，即是耶穌生命的氣息，在聖經中被稱為帶來「交通」的一位，又稱為真理的靈——彷彿經驗聖靈所賜的真理與肢體相交是二而一的事。上帝的百姓集合一起就是基督的身體。那段為人所熟悉的禱告被稱為「祝福的經文」(林後十三章)提到：「我們主耶穌基督的恩惠、上帝的慈愛、聖靈的感動」。「感動」有時譯為「交通」，在希臘文都是 *koinonia*——今日神學家大造文章的一個字，意思其實很簡單：「分享」。所指的倒不是我拿些甚麼給你的那一種，而是大家共有一些東西的那種分享，大家同屬一個種類或家庭或團體，如同作家人樣貌相似。也許我們可以不時採用一個簡易的祝福版本，提醒我們主耶穌所施的恩慈是多麼慷慨，我們享有的是祂神聖氣息中的共同生命。

那麼，我們呼吸著上帝的空氣而有的生命，必然是**共通**的生命。耶穌重造了上帝的子民，重造了蒙揀選的羣體；可祂不是將個別的人連於自己，再逐一介紹大家彼此認識(當然，我們容後會指出，不是完全沒有這成分的)；乃是徹底轉化那共享生命的整個結構和能力——用初期基督教的神學用語來說，就是改換我們整個**本質**（nature）的形象，亦即改換叫我們能以為人又人所共有的人性的形象。耶穌把新的元素注入我們共有的「本質」中，徹底地更新了本質，叫這羣體流著確認耶穌的血液。在舊約，以色列人之所以相連在一起，除了共有公義的異象，矢志在所有生活範圍內一起追求上帝的公義之外，還有一個信念，就是凡以色列人都是同樣蒙召的人。在新約所指的那更深更廣的羣體中，成員的連繫不止於追求公義、也不止於同蒙呼召，而是在於一個互相授受、互相滋潤、互相倚靠的模式。我們在這新創造裏共有的本性，乃是一種互有往還的生命交流（當然，這個模式所反映的乃是父、子、聖靈之間的關係），所以，這**是**付出的分享——施出已成為我們本質的一部分，也是界定新人類的一項指標。

我們若沿著這個方向走去，自然要好好的想一想：一起朝見上帝，互相「契通」（"communion"）到底是怎麼一回事。和平溢利，因基督的死和復活所帶來的生命，至為重要的並**非**無仇無怨此一消極的狀態，而是活潑相愛、培育生命、施贈與領受、互相扶持。在復活帶來的新世界裏，最新、最深的就是這個。

大衛・瓊斯，《君王的旗幟》（局部）

大衛・瓊斯，《農莊入口》(The Farm Door)，1937

5 上帝的家

我信獨一神聖大公使徒的教會

當我們呼吸著基督的空氣時——套用偉大的新約學者慕爾（C. F. D. Moule）的話說——他就成為我們的「大氣層」，讓我們不僅進入和平的**狀態**裏，更是達致了一種「動態平衡」（“dynamic equilibrium”）。我們的和平既是無間斷的活動，長流不息，也就叫我們彼此交流，有來有往，對人對上帝的信心也日漸長進。因此，信經進而講聖靈之際，也叫我們表達了對教會的信心。

有人會覺得為難：怎可以說信教會像信上帝基督一般？言之有理。不過，《尼西亞信經》的希臘原文卻真的是這樣說啊！說我們**信教會**。教會當然不可與父子聖靈平起平坐。但它的確是足堪信賴的羣體。我們信賴上帝，因為祂斷不會對我們不懷好意、別有用心。照樣，我們也信賴教會，因為它正是這樣的羣體，所求的是締造並維護和平；在其中，沒有任何人的存在、成長、苦楚是獨善其身、與人割離的。教會生活的口號是「不能獨存」：我不可沒有你；也不可沒有別人。但這也不是說教會抹殺個人的身分，只有集體身分。你仍是你。我仍是我。我和你之間的差異仍是真實的，否則便毫無難度。也許你已經注意到，沒有多少家教會是以單調劃一見稱的。其實，不論個別堂會或是聯合組織，只要嘗試凡事集體化，馬上出現戲劇化的崩潰。

因此，相信教會即是相信**別人**身上的獨特恩賜乃是上帝賜下給你，叫你學習與之同活。新約視教會為各有恩賜卻又同為羣體服務的社羣。我們基督徒有時候太熟悉教會是基督「身體」的隱喻，因而忘記一個人人有恩賜的羣體所帶來的異象，是多麼的激進和全面。古代社會有時也用「身體」去比擬社會上的不同**功能**，這是挺自然的措詞方法。但提出個別成員的獨特恩賜則是基督徒的創意。還有，他們更進一步指出革命性的含義，說一人受挫等於全體受挫——因為得不著當得的供獻。本來只有他們可以提供給全體的，現在卻受到窒礙。

當保羅說教會是基督的身體時，這正是他深

切關注的，尤其是在羅馬書和哥林多前後書。教會是多姿多彩的羣體，不只是指各人在氣質和愛惡不同上的天然差異而言，若然如此，我們就是小覷了它。我們指的是那從聖靈來的多姿多彩的恩賜，各人與上帝的關係的多樣性。我們可說，從其中可以擴闊我們對上帝的看法，也可以藉各人不同的經驗，更切實地體會上帝的作為。

這是極具實際和道德意義的原則。你如果說，在保羅看來，這正是基督教道德之本也不為過，就拿哥林多後書八至九章為例。保羅論到不同的教會的貧富程度：有些綽有餘裕，有些捉襟見肘。即是說，教會的分享能力遭受挫折。所以保羅對他們說：「就是要你們的富餘，現在可以補他們的不足，使他們的富餘，將來也可以補你們的不足。」這是貫穿保羅異象的原則那簡單而基本的應用。你有所得，為要助人成為助人者。上帝賜福人，為要叫人成為施福者，要注意：倒過來也通：哥林多後書後來也說，保羅因著別的信徒受苦，自己也受苦。「有誰軟弱，我不軟弱呢？」他問道。當其他人受到挫折，無法成長，保羅也一起受挫。我們惟有一起成長才算真的成長。

順帶一提，這原則也是職事在基督教羣體內簇新而奧妙的角色的有力說明。使徒即耶穌復活的公開見證者，他們是教會思想與禱告的導師；在他們身上可以清楚看見基督生命多流通無間，對其他信徒的喜樂與痛苦是如何的敏銳。由是觀之，使徒職事與其說是監管，不如說是一同受苦、一同歡欣喜樂的。對我們這些承當「使徒」角色的人來說，這是值得三思的。我們不能用古老宗教的祭司架構去看教會，因為它關乎深深投進羣體內去生活，以至牧者能夠有權威地指明羣體生活的要素是甚麼。作基督教的聖職人員或牧者，並不關乎為未受教化的大眾管理宗教科技，而是關乎為那羣體生活的獨有品性作見證，顯明每人均有賴全體而活。

因此，健康的基督徒羣體必然是人人努力助人發揮恩賜的。可這不是虛浮地成全自我的追求，人人喊著：「快讓路，等我來發揮**我的**恩賜」（雖然這情景並不陌生⋯⋯）。在「互為肢體」的前提下，每人的恩賜都能補足別人的缺乏。貢獻恩賜的人要曉得怎樣把它貢獻出來叫全體得益處，也要明白自己也需要羣體生活，而別人也需要有所貢獻這頑固的事實，自己的生命才可成為真實和堅固的。教會內的關係的所謂「濃度」，在乎人人都**當留心**所蒙的呼召——留心自己、留心別人、留心上帝作工的複雜環境。我們一旦認識到每人的恩賜都是獨特的，就得同樣認識每人的需要也是獨特的，兩者都是出於上帝。

魯益師（C. S. Lewis）曾經這樣形容「有愛心」是怎麼一回事：「她是為著別人而活的；所謂別人，只消看他們的愁容就可知。」我們有時以為自己有某樣恩賜，就有權將之加於別人身上；也可因這恩賜而自以為一無所缺；或者以依賴、不成熟的態度去面對自己的不足。但健康的基督徒羣體與恩愛夫妻相仿：彼此關心、彼此分享、同甘共苦、唇齒相依、對一方有利的就是對雙方有利、對一方有害的就是對雙方有害。惟有同舟共濟，生命才會豐盛。

當然，聖經指出我們該先明白基督身體的真理，才會明白何謂幸福婚姻。但實際上，我們總有一些幸福婚姻的概念，所以先談婚姻也無不可。如果我們只是抽象地講在教會裏怎樣運用恩賜，該有甚麼犧牲，我們難免有一種被人支配的感覺，好像自己該作出甚麼犧牲是全由別人決定，就是你想多想想有關自己恩賜的時候，也沒有人願意聆聽。但在美好的婚姻關係中，這都不是問題。設若在婚姻裏，我對於**單單**屬於我的真的不感興趣，在有些情況下，我就不得不好好的想一想，自己真正想要的是甚麼，該在哪裏停一停再次確定目標。照樣，我的配偶也要尊重我，知道我是**我**，不是一個滿足他的幻想的夢，他可不能置我的死活於不顧，我們也要這樣看教會。它是一個血脈相連、同氣連枝的羣體，且是穿越時空的。

我說過，這是保羅道德觀的源頭，美好人生不是單單謹守某些規條——人們一般會將肢體生活的結果簡化為恪守規條。美好人生的真義在乎學習為人而活，從而豐富地活出真我。說謊、殺害、姦淫、貪婪等事之所以是罪惡的，因為我們斷不能想像一個羣體面對這一切竟然可以若無其事，基督的身體不能夠這樣。也許你早已注意到，人類歷史中的教會，往往是一個長期縱容這樣的行為模式的地方；只讀教會史不能叫你明白教會之存在是所為何事。但教會如果開口講述自己的緣起、存在的理據，你就不可能不反璞歸真看見這一切。

不管有教會歷史沒有，我們總需要有這樣的時刻，叫我們能高呼：「對！教會應該是**這個**樣子的！」所以，當我們思想「我信教會」這話的真義時，至少要有兩點：一、我們的想法當讓我們能夠在某些特定情況下說：當基督羣體進行某個活動時，我們就知道這**真的**是教會，不管我們的成敗、不管我們殷勤或懶惰；二、我們要能夠把教會「**出人意表地**熬過來了」的故事講出來。除了那麼常規的、在神學上可以透徹地看清楚教會本質的機遇之外，具體的經歷可以為此添姿彩。如前所述，論神的語言若無人間故事的襯托，實在是了無生氣的；有了故事，「神」才顯得真實，教會亦然。

《使徒信經》原拉丁文裏所指的是我信「聖徒相通」(*communio sanctorum*)——語帶雙關：可指「聖民之間的往還」；也可指「共用聖物」。新約作者，特別是保羅，當他們論及聖民，其含義與今日的「聖人」不同，沒有德行過人的意味。基督徒的「聖」全賴與上帝相繫，成為家中成員，即如禱稱「我們在天上的父」所示。故此「聖徒相通」並非指特別在靈性恩賜有過人之處者的連結，乃是任何承認自己是上帝兒女者的契合而已。當基督徒在基督裏同氣連枝，在言行上連於耶穌，這種契合就活現人前有形可見了。「相通」在此是指當基督徒只消承認自己是基督徒就能變得有形可見之事。

當中涉及甚麼？教會是由「受浸進入」耶穌生命的羣體，是全然被祂覆蓋的人所組成的羣體。這樣的人，一受浸就沉沒在基督的大愛之下，再現身人前的時候已經脫胎換骨了。水在他們頭上合起來，新的創造從中冒上來，仿如創世記一章那舊世界從混沌中浮現成為新世界。教會的水禮表明它的身分，說明它的成員當如何活出生命。水禮顯明了「聖徒相通」，叫我們認清教會的身分，就是叫人因著與上帝、與人更新關係，不斷衍生新生命的羣體。

教會又是蒙邀請與耶穌共餐的羣體。耶穌在世上的時候經常與不太像樣的人吃飯，說明祂信守承諾，要為上帝創造出新的百姓來。主復活後，又與門徒共餐，再次委以重任。今天，祂對教會也一樣。我們之所以投身教會，非因自己掙到了一個席位，只因我們得到了祂的邀請。因此，每逢教會一起吃喝主餐，它就再一次申明身分召命。水禮與聖餐將教會本質顯露無遺。教會是甚麼？就是全然浸沐在耶穌的生命裏的人，就是應邀與祂共餐、一起禱告天父的人，只此而已。

這兩樁事件與耶穌在新約裏囑咐門徒的話息息相關。祂於被釘死的前夕，囑咐門徒要恆常擘餅飲杯，因為祂要在那時與他們同在。照馬太所記，祂復活後就叫門徒去為天下人施洗。故此大部分基督徒特別重視這兩個聖禮。他們也會重視其他「聖禮」，以之為顯示教會本質，且藉賴上帝的恩典使之得著更新，恢復恰當的身分——例如婚禮或者終身

生命之糧，為我們捨的

聖職按立禮等。但自從改教運動以來，凡自稱新教徒的都堅持說水禮和聖餐實在有別於其他聖禮，因為它們是聖經明文規定，而且也是最符合教會本質的兩個聖禮。

可以說，所有基督徒都認為聖餐是最具合一性與確認性的活動。在新約，它最初是以「聖約筵席」的形式出現的，就如舊約筵席都是與獻祭相關，旨在表明上帝與百姓的立約關係。祭牲被殺以後——為求上帝施恩與人和好而獻上的禮物——軀體分成多分讓百姓慶賀應許的更新或確認，慶賀上帝的同在，而祭牲的血則灑在聖所內。耶穌的意思似乎也是這樣。在祂死後——上帝施恩只一次就成就和睦——我們所享的筵席意味著我們已領受了和好之恩。仿如吃牛羊祭肉一般，祭牲的肉與血成了食物。在此，血既沒有奠在壇上，也沒有灑在百姓身上，而是給他們喝了——對猶太人來說，這情景是不可思議的：「生命在血中」，豈可破禁？耶穌就是要把聖約的觀念發揮得更徹底：**這**血、**這**生命必須進到我們裏頭去，絕非令人更新的外力。

耶穌在最後晚餐上說，祂翌日所流的是「立約的血」，即是說吃餅飲杯記念祂，乃是更新與確認上帝的應許的行動，正如舊約祭筵——不同的是這倒不是重複獻祭，而是回顧和重演只一次即成的耶穌之死（難讀的新約希伯來書的主要論據）。這是和平溢利最清楚不過的事件：在此，我們得到保證，因基督的死，我們領受祂的生命，成為己有——藉著餅和酒這些實物所表徵的，又加上行動中所存的信心與倚靠。

眾所周知，基督徒之間最糾纏不清、爭執不停的也在於此。今天，要釐清聖餐意義的人都得小心踩地雷，或者至少可以看成是這樣。可也有些東西是大家都同意根本之事，其中一樣就是約這一更新和確認應許。十八世紀有些偉大的聖詩作者，例如華滋（Isaac Watts）、鐸德烈治（Philip Doddridge）等，愛稱聖餐的餅與酒為「信物」、「神聖信物」。信物是應許之事的標記，是將嘗之樂的牢靠見證。至低限度，這是酒與餅的意思：是應許的可見標記，預示了我們藉著耶穌可以與父共享的團契。

但要再多說的衝動是難以按捺的，原因是耶穌在最後晚餐所說的話真的太奧妙了：「這是我的身體；這是我的血。」也許思想聖餐真義的切入點，就是以耶穌論餅的話為：「這餅**也是**我的身體；是盛載著我的生命與身分的，與真實的血肉無異。」我們太容易捲入爭議，以為這樣説就等於提倡變質説，其實福音書經文（若與約翰福音六章論「天上降下來的糧」那段偉大的默想經文並觀）似乎有意指出，餅與酒真能延伸耶穌的同在，既盛載也傳遞祂的生命與身分。信徒吃喝之後，所領受的與真實血肉所傳遞的無異，享受神子光輝四射的行動與大能，即是祂之所以是祂的那生命。

耶穌將這餅與酒納入祂的身分裏，藉此與人同在，這樣的「延展」不涉任何魔法。教會歷來有關聖餐的思考，絕大部分均將之連繫到聖靈工作上。就如聖靈在新約時期如何真實地叫馬利亞成孕生下耶穌，又怎樣叫那些蒙收納的人「生下來」，得以與耶穌同稱天父為父，聖靈也能照樣「庇蔭」餅和酒，將新生命灌注其內。東正教信徒的聖禮觀特別重視這些方面。他們批評西方教會刻意淡化這一切。對他們來説，敬拜的高潮不在於重述最後晚餐的一幕，而在於接著下來，求聖靈將餅與酒改變的禱告。

結果，一個模式慢慢地浮現出來。我們一起聚

集領聖餐與禱告時，乃是以經已受洗，又因聖靈進入心裏，全人「浸入」耶穌生命中的身分來參與的。故此，我們的禱告其實是與祂的禱告拌和一起的了。藉聖靈內住之恩，我們得蒙披上耶穌的身分侍立在父上帝面前，我們藉著禱告將餅與酒交在耶穌手中，讓**祂的**禱告可以臨到餅和酒上面。祂的禱告是餅與酒應該成為祂的身體和血。祂所禱必成。祂是聖靈工作的完美管道，暢通無阻。這被聖靈轉化的餅與酒隨後又被送予我們，叫我們更有深度地活出已經享有的身分，讓上帝與我們的結連，就是祂親手造成的，更加堅固。

會眾聚集一起同享「謝恩餐」(Eucharist，意即感恩，最古老也最有意義的聖餐叫法)，仿如站在火窰中的但以理三友那樣(但三章)。當時，三位受巴比倫王迫害的少年在火中安然無恙，如此離奇皆因有第四位「仿如神子」者同行。我們在上帝大愛的烈火中也幸得永恆的神子相伴，得以與祂為友。我們也可轉借出埃及記二十四章的另一幕舊約情景，以色列長老們在立約祭之後，得以在聖山上與上帝一同吃喝。歷史上不止一個詩人與傳道者描寫火從天降，燒盡先知以利亞的獻祭(王上十八章)。聖餐真的是「五旬節」經歷，正如使徒行傳二章所記，當門徒為了順服復活主而相聚，火就臨到他們身上。

我們領聖餐時，正是最接近基督徒、教會核心意義之時。我們置身於基督禱告的大能之下；我們有這福分，全在於復活了的耶穌的邀請，即如祂在世時邀請罪人共餐那樣；我們在聖靈裏禱告，也領受蒙聖靈使用，使之盛載生命的聖餐。聖餐正是這樣的時刻：我們宣告自己的身分，因為我們向上帝在耶穌並聖靈裏的作為大大敞開，而得著最大的信仰成長的機會。

在英國聖公會舊版公禱書內，主禱文是領聖餐之後的禱文；好像提醒我們蒙上帝收納作兒女的身分已得更新。新的禮拜程序和天主教的傳統則將主禱文放在**前面**，像是提醒人，未領聖餐，未嘗完全浸透更新。兩種傳統俱各有理；重點同樣在於聖靈在聖餐裏的工作。當我們的口與手接觸到餅和酒時，我們就最有資格呼叫「我們的父」。天主教會把主禱文放在聖餐前面，正是對我們大有裨益的提醒：我們「膽敢」稱上帝為「我們的父」正是因為這緣故。這不是自然而然、平平無奇的事，我們之所以可以講出這麼大膽、這麼神奇的話，全拜上帝親自授權所賜。上帝待我們真好。

好，聖餐顯示出教會的真貌，如假包換，完全融入基督的禱告與景仰之中，難怪古代聖詩論聖餐為世界的終站：

阿拉法，俄梅戛
萬國在末日
必向祢下拜
但在此際，祢已與我們同在。

聖餐時刻正是預嘗天恩的一刻——我們自身與世上萬有均由餅與酒來代表，在聖靈的大能中投入在復和景仰的大事裏，反映出上帝的美善與榮耀。還有，如果我們真的用心去守聖餐，我們也必更加清楚認識教會應有的標準，更加知道應該怎樣審度自己。上帝心目中的教會乃是一個合而為一的羣體。耶穌的禱告正是它的禱告。耶穌的生命與能力正是它的供應。在這羣體內，人人平等。沒有誰配為上賓，卻又都希奇地作了上賓。故此，這羣體流露上帝毫無拘束與吝嗇的愛心與寬恕，也是與受造之物與造物之主已經復和了的。

我多次宣講——我深信不只我這樣講——指出守聖餐之後，應該以新的目光視人，滿心敬畏訝異。身旁的人——也許為我所深愛，也許萍水相逢，或者不甚喜歡，甚至心有介懼——乃是上帝的貴賓，基督的禱告是他的禱告，基督的生命是他的供應。就在此刻，他們被終末的榮光所觸摸，而我們也是一樣。今世的事物，上帝在自然界中的恩典，已經轉成上帝的創造與更新的愛的有效印記，也成為上帝要它們在終末時所為的。即是作上帝傾流的愛的印記。

除此之外，還有一個同樣重要的層面：基督徒的敬拜聚會不是單單共享餅和酒，還要聚集一起領受基督徒的身分。方法就是藉著行為與話語、故事與詩歌，更重要的是藉著聖經裏面的故事和詩歌。教會側耳靜聽聖經說話時，就是顯示出其真正身分之時；信眾共聚一起，為要聆聽一個已經屬於自己的故事，而不是在聽一個遠古的記錄。共享聖餐乃是在共聽這故事的氛圍之中進行的事。這故事道出了上帝怎樣對待這個世界，顯露了祂自己。這羣體的人細讀反思之餘，認定了這正是自己所認信的；他們此際與上帝所邀請與啟發的人是同氣連枝的。在主日崇拜的會眾內，我們的無形嘉賓有亞伯拉罕、摩西、以西結等；我們都是與上帝有聖約的人，其根源遠至天地初開，超乎傳說史詩之外，卻又絕對真實，延綿不絕。我們現在所共享的生命乃是聖徒所共有的，是青銅時期並以前，上帝在中東遊牧民族那段撲朔迷離的歷史中所召來的人早已共享的。

這就是基督徒聲稱聖經就是當下此刻「上帝的說話」的原因。上帝講了話叫人可以聽得見；聚會時候所讀的經文正是上帝在說話，將我們的歷史和身分說出來。馬丁．路德指聖經「在說你」（*de te loquitur*）。就這意義來說，聖經永遠都是陪伴著聖禮，一起審度著我們是否與身分相符。聆聽的教會是活出真正身分的教會，即如分享餅與酒是表徵出教會的真正身分一樣。

論到聖經，我們值得花一點時間去釐清基督徒可能對它抱持的誤解。我們經常說它是「上帝的說

話」，不是因為它是上帝在歷史上最主要和中心的見證——耶穌基督才是——而是因為它是耶穌基督的主要見證。當聖經在信徒羣體中被讀出來，聖靈就使用它讓上帝的呼召活生生地臨到我們身上。換句話說，它不是一部超然地揭露天下萬事的奇書。所謂「默示」，指的是它是聖靈的載體，讓耶穌鮮活地臨到我們的心思意念，迫使我們不得不面對祂所發的挑戰和邀請。

新教傳統慣於以聖經為私下靜讀的文本。這種做法是無可厚非的，它本來要抗衡的是惟有聖職人員才能讀能解的偏差，當時信徒讀經是不受鼓勵的事。可這也是矯枉過正的。教會肇始以來，聖經絕對是一本羣體的書，正如舊約聖經是會堂的經卷一樣。教會成立之後的幾百年，能夠有自己的藏書者寥寥可數，很少人擁有卷軸、手抄本。我們慣於視聖經為一冊厚書，其實這是教會成立之後很久才有的。在最早的歷史及至中世紀，聖經一直都是在羣體禱告和恆常的默想釋經時分卷誦讀的。到了中世紀後期，聖經被人分成細小的斷片，經文被人用以證實某個論點，以偏概全，無助明白上帝作為的整個歷史。這是當年的亂子。當然，例外情況還是有的（阿奎那堅持說聖經的本義及其敘述的人神相遇故事是至為重要的）；當時的聖劇雖然在題材上有選擇性，仍然不失為呈現「大圖畫」的有效途徑。但整體來說，當年在全面掌握大圖畫方面確有閃失；還有，以聖經當時的形態，它也難以向教會發出難答的問題。

改教運動基本上是讓聖經回到教會核心的運動，而不是叫聖經私有化的運動。聖經應被視為公共文本，為教會生活之憲章。信徒全都應該可以接觸聖經，因為人人都應該熟習教會的共通語言，明白神學和行為以甚麼為判準。十六世紀的英國教堂裏都有用鎖鏈鎖著的巨型聖經，為的是表明這事。到了後來，聖經人手一冊乃因印刷術的發明所致，並非改教者的本意。如果他們發現人人隨意解經竟是由他們引起的，必然大為驚訝。在他們看來，解釋經文絕對是在禱告與集體反思之下一再進行的事。

改革宗的基督徒今天已為著自己在聖經廣泛流傳一事上感到自豪，這也沒有不妥。但當今最重要的是重拾**集體**誦經的傳統。聖經根本不是一部隨便在甚麼地方都可以打開來讀的書。在敬拜者的聚會中，展示上帝為自己造出一羣子民的行動一事上，聖經有其獨特角色。此後，才有個人私下的讀經，而所憑藉的正是在羣體內所得的亮光。即便我自己讀經時，仍不可稍忘歷世歷代的讀經者——隨時受教於他們以及同代的人。

順帶一提，這看法也可解有關聖經默示論某些困惑。要是聖經真的是一整本的書——這是近代產品——對象是個別的讀者，它的絕對可靠性問題很可能引起激烈討論。它所記的一切歷史和科學細節，當然都要明確無誤，它的默示性方可以站得住腳，稍有差池，全軍盡墨。反之，它如果是聖靈恆久使用叫教會更新悔改的文集，若是教會集思之際恆常用以測試一己忠誠之本，它是否完全滿足當代

米里尼西亞修士讀經圖

歷史與科學標準就顯得不太重要了。也許創世記沒有如現代宇宙學者般說明宇宙的起源，但它卻說明了上帝要人知道的事：我們是祂以愛、以自主的自由所造成的。也許但以理的記載與我們所知的巴比倫史不符，但它卻說明了上帝的心意，叫人知道如何在專橫不信的帝國裏貞忠不變。或許我們的處境與——例如——事發後不久便已記下的福音書記載不盡相同，它們仍是可靠的，各卷福音書在小節上的矛盾其實也沒啥大不了，仍能道出上帝心聲。耶穌潔淨聖殿是在祂公開傳道肇始或結束時發生的呢？約翰與另外三卷所說的不同，但故事力度毫不稍減；它在說你，*de te loquitur*。

本章一直講的都是教會的道德核心和力量。這力量跟維繫健康婚姻所需的相仿。我也嘗試指出何以需要這些共享經驗的時刻，好叫我們藉著聖言與聖禮明白身分，且在那樣的一刻，知道我**理應**是怎樣的人。《尼西亞信經》言簡意賅的一句「獨一神聖大公使徒的教會」，就涵蓋了一切。它是一，因為上帝的呼召是同一的，上帝的兒子也是同一的，聖靈也是同一的。我們之所以是同一的，並不是我們終於達到了某程度上的協議，而是皆因蒙父上帝邀請進入同一關係之內。這個合一的表達是多姿多彩的，但又不是可以任意胡來的。怎樣以無限創意反映同一位基督，是需要學習的 —— 若許我再以音樂為喻，那就是不能失去主調。

「聖潔」也一樣，如前所述，聖潔不在於修成正果，乃在於連於基督。我們是聖潔的，皆因所站的地位是耶穌所站之處；我們根栽天上，在那裏聖子景仰天父，在愛裏把自己全獻給祂。耶穌在約翰福音說：「我在哪裏，服事我的人也在那裏」；而祂所在之處正是天父的心旁。我們的生命若然全歸予祂，當然也必靠近天父的心，這正是我們成為「聖潔」的原因。

教會是「大公」的，意即「天下為公」，含義甚廣。它的大公性並非單在地理上。當它只有耶路撒冷那十二位成員時，它已是「大公」的。第四世紀有一位偉大的作者指出，「大公性」亦即說教會當將整個真理傳給整個世界，有教無類。這詞的希臘文包含了「放諸四海而皆準」的意思。所以，「大公教會」

務要面面關心——忠於整個真理的寶庫，同時也連於人類變化多端的經驗，不論在文化或個人層面都確信，言説的真理雖然是相同的，卻又是能切合各人需要的。這麼一來，張力在所難免：甚麼是拿捏得準？甚麼是隨波逐流迎合大眾？這倒不是新的問題，而是自古已有的。大公性所求的正是迎向難處，按著真理作出辨析，持守誠信。

「使徒教會」叫我們知道，今天我們之所以可以在這裏，全因為第一代門徒曾經被**差出去**（「使徒」在原文的含義就是這個意思）。從人的角度看，我們能相信，全因有人不辭勞苦、梯山航海來到這邊，帶領我們信耶穌。我們慶幸有此傳承。然而，使徒傳承不限於回顧過去——這是我們有時候會犯的錯誤——乃是要承接同樣的使命，走進人們所在之處，召請他們進入上帝之家。使徒者，代表也、代言人也，是差使來的。我們要學的就是不要自説自話，而要為耶穌説話。

回顧基督教羣體史實之時，只可瞥見教會的這些特徵的一鱗半爪。但我們仍相信教會有這些特質，不是因為我們有大量證據支持它是這樣，而是在於我們相信的是耶穌。即是説，我們論説教會時，在某種重要意義上，我們所論說的乃是耶穌。我們講的是教會裏頭有**祂的**生命與實質——而這一切與教會表現無關，乃是恆常內蘊，是我們的本質與身分的真正核心。

教會最簡潔的定義就是：可見耶穌活躍於世之處。倒過來說就是，哪裏可見耶穌作工，哪裏就有頗似教會的羣體。這可不是說，有形的教會、真理的教導與聖禮的施行是無關痛養的事。這只是說，有時候往有形教會邊界外望，也可叫人重拾教會的優次。我們若看見深切的寬恕、過人的勇氣、積極的希望，當然可以說：「對了！**這正是**教會之所以是教會當求的。這正是教會的召命。」

然後，我們可回望教會現狀，提出詰問：我們何竟偏離正軌？這樣，我們被推回去原有的宗旨那裏，回到聖經、回到聖禮、回到基督身邊——祂的生命仍在其中，仍居於羣體的核心內，叫我們好好的懺悔。這也好像基督的能力與福音的新意有時從教會溜了出去，然後，出乎意料地從某處跑回來，向教會施以當頭棒喝一樣。聖靈的工作遍及整個受造界，苦勸世人朝向學效基督的品行與關係。有時候，祂以「聖約以外」的作為流露出去；我們當存謙卑的心確認祂的工作並領受教益才是。我們得承認，今日基督徒視作當然的許多關注，例如人性尊嚴、良心自由、反暴政、尊重女性等，基本上都是教外人士提出的。這並非說教會錯了而世俗的人對了，而是叫我們不得不承認，我們遺失了自身語言和實踐的好些根本而徹底的影響。

因此，我們若在某個時刻喜見教會清晰地顯示其本質，我們必須接受有時是受到教外人士的嘉言懿行所激發的。我們可以想一想耶穌讚賞百夫長的話。他替僕人求醫治時，耶穌說全以色列沒有人有他那樣的信心。然而我們若沒有耶穌作故事的主幹，沒有將祂那明確呼召人進入新羣體的託負擺在人前，這些時刻終究是零碎空洞的。我們說甚麼也不能迴避教會「終有一天衣錦榮歸」的敘事。一九二○年代跑到蘇聯去採訪的傻記者說：「我見到錦繡前程，行！」事實不行。但我們靠著上帝鴻恩，有時真的可以說：「我見到了教會，它真行！」我們都有例可援(但願如此)；我自己可以舉的例子有以下幾個。

禧年運動 2000：為公義和免除債務作見證

二〇〇〇年的「禧年運動」提倡免除貧窮國家的債項。當時，八大工業國峯會正在英國伯明翰（Birmingham）舉行。我們趁機舉行大遊行以示抗議，將運動推上高潮。我們從南威爾斯（South Wales）教區以兩架大巴士載人到現場去。當我目睹天主教、五旬宗的基督教羣體——極左極右的信徒們——走在一起，我跟別人一樣，覺得真可以喊出：「我見到了教會，它行！」這麼不可能的聯盟之所以出現，全因為大家為著基督之故而飢渴慕義，眾口一心相信這是上帝國度的呼召，力抗有違上帝公義的行為。

又舉一例。南威爾斯朗達谷（Rhondda Valley）偏遠山區賓里士（Penrhys）的地方政府住宅區是個問題社區。區內有些家庭來自鄰近的卡迪夫（Cardiff），在市政府無計可施之下被「放逐」到這裏來的，包括少女懷孕的、第三代無業的。區內房屋失修，社區設施欠奉。一九八〇年代聯合改革宗教會退休主任牧師夫婦決定移居賓里士，在那裏買下兩幢市政府物業，一幢自住，一幢改裝為聚腳處、故衣店、聚會點，美觀、寬敞、寧靜，是簡潔自在的地方，擺放了傢俱、聖像、燭台，讓人可以享受安寧。區內的人經常會說去「教會」聚一聚，其實是去那裏買東西；也會說去「小教堂」坐一坐。這樣的措詞其實也無傷大雅，反正整座建築物顯然是一座教堂，是可見耶穌作工之處。在市政府還未曾讓居民得以——終於！——遷離百廢待舉的社區之前，教會已經合作開辦了地區健康中心。可以說，這是當時惟一令人感到被尊重、得關愛的焦點，也是一個爾虞我詐的環境中惟一增進互信的焦點。「我見到教會了……」

我第三個例子正是關於信任的。近年來，所羅門羣島（Solomon Islands）的人飽受不同島民之間的暴力攻擊滋擾。這裏是聖公會一個非常獨特的修會的發祥地。這修會就是米里尼西亞弟兄會（Melanesian Brotherhood），宗旨是完全認同本地文化，在靈性發展上甚具創意。各個島嶼互相猜忌之時，這修會是少數仍被眾人信任的團體之一。他們的復和事工舉足輕重，所需的是鍥而不捨的勇氣。

二〇〇三年，有七位弟兄被其中一派的人擄走，後來慘遭殺害。他們的死叫島民痛定思痛，開始和解，因為大家都信任和愛戴這些弟兄。這個例子要比我所舉的其他例子，更能顯示教會的本質就是被視為（或作個）沒有私心的羣體，處處彰顯上帝均等、自由、一視同仁的愛。「我見到教會了……」[10]

初期教會第二代的沙漠修道者有這麼一句感慨：「我不是修道者，但我見過修道者。」他明白自己所處的環境並不理想；起初的熱誠已經冷淡了，但他知道真正的修道者應該是怎樣的，縱使他自知與理想相去仍遠。我們也一樣：我們藉著聖禮與敬拜，藉著耐心聆聽聖言，即可見到教會，縱然翌日

締造和平的人有福了：遇害修士的遺體被運回來

已感到我們已不是活潑可見的教會也好。但當我們聽見賓里士或米里尼西亞弟兄會的故事，我們總能說一聲：「我們見到教會了」，縱然這一切與我們地方教會生活的安舒或混亂情境相去頗遠。這一切好榜樣的目的不是叫我們內疚，而是叫我們感恩，甚至充滿盼望。上帝仍未終止叫教會像教會的工作。

不論是聖禮或是付上生命的服事，兩者所傳達的同樣在說：這正是上帝要世界前進的方向。這就是我們的未來，是一個指向「和平國度」的記號。在其中，上帝將人間與非人間的一切，都推向那清晰顯明祂榮耀的境界去。上帝在引導、塑造、吸引，人類與整個物質世界都得從命。教會若失職、分裂、妥協，它的信念就被削弱，忘記自己是為上帝所定的未來而活 —— 反之，教會若現出真我，那並非因為它已經達到某種人間的成就、行為上有了高的水平、成聖信徒數字驚人，而是因為它能夠將上帝所定的未來沒有遮掩地顯明出來 —— 即是說，讓內住的耶穌生命沒有障礙地流露出來。

上述一切催促我們往信經的最後一段去：上帝所定的未來到底是怎樣的呢？我們要玉成美事，還是礙了大事呢？

大衛．瓊斯，《荊棘苦杯》（The Briar Cup），1932

6 終究是愛

我盼望死人復活

在聖靈裏的生活即是在耶穌裏的生活，而耶穌乃是活在羣體之中的。在這裏，眾人不分彼此，一同得力於聖靈，把藉著耶穌而來的應許與可能性全然打開，共享成果。在教會內，這個「聖靈團契」(套保羅的話說)乃是真實的，每一分子均成為彰顯耶穌的「服事者」。每一個成為基督在羣體中活動的管道者，先是在信仰羣體內，繼而拓展到整個受造界裏的，人人不枉此生，活出真我。

故此，我們若說教會是叫世人可以看見耶穌的作為之地，意即教會除了向世人展示了祂的聖容，也藉其內部生活交流，在眾信徒中間體現了耶穌的生命。再進一步說，既然耶穌活現教會中，三一上帝也當然活在其間了，因為，聖靈使基督活在我們中間，而那種生活乃是朝拜父上帝、甘心捨己的生活。我們要是不明白耶穌的生命正是這樣的話，也就無從明白教會的正業了。六十年代「上帝已死運動」最教人費解的，就是它自詡絕對忠於耶穌、恪守祂所代表的「價值觀」，卻又刻意對眾所皆知、耶穌與被祂稱為「阿爸！父！」者的核心關係避而不談。這情形也出現在尊崇、景仰、效法耶穌，卻難以接受超越的上帝的人身上：要除去耶穌裏頭這分與奧祕——祂的根源——貫穿一切、恆久堅固，有時幽暗磨人，但絕對具決定性的關係，是不可能的。

進入教會即是進入上帝的生命，就是耶穌為我們所敞露的生命。這正是父、子、靈的愛的三重韻律，由澆灌到回饋到分享，受恩、感恩、更新而湧溢的獻呈。當你學習過門徒生活之際，湧溢在你周圍，如同滔滔巨浪的，正是這樣的愛；你不是在追隨一位遙遠的古人，也不是單純地順服今天一位同樣遙不可及的人物。你乃是隨著那維繫宇宙的韻律來跳動，全人投入其中。想到教會生活，與其想到簽約入會，不如思想這是縱身躍進大愛汪洋，游個痛快。稍後會指出，禱告也應該是這樣。

有教會的地方，就有三一上帝清晰可見的行動。近來有不少寫神學的人對於教會即是「三一上帝的形象」這個題目著墨頗多。我們因此看見教會是一而眾，是無以從上帝多元工作的合一中區分出來的；也看見自己在其中的身分總是與他者不可分離，且是唇齒相依的。正如在神性之內，人不能說何者為先，是先一而後三，或是先分而後和：兩者是完全同步的。

上述形象與思想是頗為豐富的。可我得提出一點忠告：不可以將上帝與教會分別看作兩種「羣體相契」的生活。要認明教會生活之所以成為可能，皆因我們已連於那永恆的實在——即是上帝——裏面了：教會內的契通以及與萬物的契通，全是恩典的外溢，這恩典是聖靈將我們帶進耶穌與父的禱告關係的中心時所賜下的。不能把上帝視為三個位格的一個團契，教會則是幾十億人的一個團契。教會的團契是不斷地被領進上帝這絕對的和而不同者裏面的。我們永遠摸不透那和而不同者的奧祕，我們也別把父、子、靈看作更偉大、更美好的神版人格。

無論如何，我們已闡明教會的基本真理是一清二楚的。它的生命不獨指向耶穌基督，也指向耶穌置身其內的那緊扣的愛與行動的結，那三重的生命，即是上帝自己。「終究是愛！」永恆的實在，無私的愛與恩賜，正是世人所要認定的，不是憑著（雖然有時也看）教會的表現（這通常叫人汗顏），乃是藉著它的禮儀和語言，藉著它信仰的表達叫人看見。當伯明翰、朗達和米里尼西亞或五湖四海的忠心羣體，不約而同地同守聖餐、同聽聖言，我們所看到的正是「願你的旨意行在地上，如同行在天上」的一種實現，是主禱文這句話已蒙應允的一項見證。

說得更大膽一點，我們所看到的就是**天堂**。教會的根源、真正的身分、安身之所，誠然是在天上的——所以保羅才會在腓立比書說，基督徒乃是天上的「國民」（腓三 20）。你可以回頭看第三章。在那裏，耶穌邀請人成為新世界的國民。當教會像教會，它所展示的就是天堂。也許乍聽之下不以為然。然而這正是聖經論教會時所提示的：它並不是要教會終止其在世間真實而具體的踐行，剛剛相反。其實，只有當教會清楚地致力更新所處的大地時，天堂才清楚地呈現眼前。

有一個為人熟知關於十世紀第一位俄羅斯人歸

信的老故事。基輔大伯爵（Grand Duke of Kiev）的特使們出訪鄰國，了解當地信仰情況。他們在君士坦丁堡（Constantinople）聖索非亞（Holy Wisdom）大教堂做禮拜，不禁驚歎：「到底我們是在天上呢？還是在地上呢？」説得對：他們目睹教會真貌，所以他們真的是在天上。

也許這就解釋了信經講完信教會馬上就講復活與永生的原因。教會若不是為了叫我們預先適應平安與頌讚，帶我們進入三一上帝的生命遍及和塑造一切的氛圍中，它於我們是沒有太大意義的。所以，信經對終局命運所作的，是挺自然的宣告。然而，我們得留心，不是單單大體地信「永生」或「永存不朽」。《使徒信經》的我信「身體復活」，原文是「**肉體**復活」。此話是叫人吃驚的，如果我們均有籠統的「來生」概念——相信大部分人都有這種看法——以為自己死後再生，向著天上飄去（記得童年那些漫畫吧？），信經的這一句真會把人猛然搖醒。難道我們還眷戀所熟悉的那副骨頭、那堆贅肉和那些頭髮？這些措詞聽來難免有點叫人毛骨悚然吧！

在今日的思潮風氣裏，這是最難講的一項教

義。我們已經極為物質化，卻又似乎對身體失掉了應有的尊重，又似乎只視它為心思意志構成的身分的外在容器（這正是我們把人類胚胎貶低的原因——既然沒有心思與意志，它充其量只是人體組織而已。就這樣，我們囫圇吞棗地指它沒有一般人所享有的「人權」）。基督教認為既然上帝親身進入物質世界，在物質的身體內與人相遇，並且繼續藉著物質的東西與人物叫人認識祂，我們當然不可輕言我們的物質生命乃是與祂絕緣的。對於我們與上帝在天上如何生活，聖經著墨不多，只說萬物必然更新，即如聖經末卷說的「新天新地」。這樣看來，將來與上帝同活的那個**世界**，乃是與今日世界有共通之處的。

難題來了。我們憑著想像力去揣摩這個新世界，一個夢寐以求的世界，只可惜，結果所得的是叫人赧顏的陳腔濫調。不信的話，只要看看某些自詡掌握聖經真確意義的教派的精美印刷品，竟十足俗氣的旅行宣傳推銷冊。關乎永生真貌的揣測，滿佈地雷、牛糞。但聖經和信經坦言有「身體復活」、新天新地。如何持守信仰傳統，又不掉到陷阱裏去呢？

反璞歸真。我們的身分來自所處的環境——包括了人類的和非人類的兩個環境。前面說過，信仰生活與羣體和物質世界分不開。這是與生俱來的關連，不是隨後補上的，也不是多餘的。我們的聖潔生活也離不開待人接物的反應。我們日常的生活顯示了（或者遮蔽了）我們與上帝的關係。因此，如果我們相信肉身死亡不會令我們在上帝裏面的生命也告殞滅的話，這生命必定是羣體與處境裏的生命。我們一切的關係，無論對人與事，全部根栽於三一上帝的愛內，也向此愛全然敞開。

真的，惟有上帝知道箇中真義。但我們的信仰似乎正是這樣，這是它的挑戰，也是它的應許。福音認真地對待我們，以我們為整全的。它保證把新天新地帶來，也引導我們進入核心故事中。這故事裏的救主是有血有肉的。祂的身體不是長眠不起，乃是復活改變了，是可以認出來的，是與祂在世時有延續性卻又是截然不同的。耶穌的復活、與上帝共享永生的盼望成為應許的根基，意思是無論如何，上帝的救贖沒有把我們結束掉，而是叫我們仍需處於羣體與處境之內。上帝既然保存了我們，叫我們穿越死亡，也必保存我們的一切，絕非單顧「不朽的那一部分」而已。上帝所賦予的生命，不論是甚麼模樣，斷非比我們所知的生命更抽象或更抽離的。

霍京斯(Gerard Manley Hopkins)名詩〈大自然之火〉('Nature's Bonfile')描述幻變的物質世界(「過眼雲煙」)，人在其中與其他一切一同逝去(「春夢了無痕」)。然而，在電光火石之間，復活臨到了：

一霎時，號筒震天
我與基督無異，因祂曾與我認同
凡人、笑柄、瓦片、補釘、碎料、
不朽的鑽石
終成
不朽的鑽石

目前，「不朽的鑽石」被那叫人不敢恭維的人性雜質纏得兩者分不開。復活之日，與其說其他東西自然剝落，不如說「鑽石」終於吸入一切。即是說，鑽石並不是指我們的某個部分，而是在我們整個人類本質裏與上帝建立關係的寶貴機會。

所以，我們把憧憬天堂的經驗與「看到教會」相連起來，是饒有意義的，因為那正是與羣體、與處境相關的經驗。或許——應說其實——我們根本說不出天堂是怎樣的，我們只能說「天堂至少會是這樣」。當你說基督教不信靈魂不朽，有時候會叫人大吃一驚。但事實上，聖經與傳統所說的「不朽」，指的並非我們那個不死的部分，彷彿人身上有一個部分沒有前途，另一個部分則有；一個部分是固體實物，一個部分是朦朧飄緲的。我們在上帝裏面的前途是關乎**全人**的。在我們必朽的物質關係中，上帝已經把生命給了我們，一切都在其中，而在死亡的那一邊（按定義，也就是我們無法**想像**的），不會有任何損失。

我們的盼望完全不涉及我們的任何生存的天然特質，不涉及一個天然不朽的靈魂。教會初期幾百年，這思想被視為理所當然的，今日我們對這一切也習以為常，但聖經所說的那個盼望，根本不涉及我們生命的任何一個部分，而是完全連於上帝的信實。祂會保存祂創造的一切。但公道一點說，縱使初期教會慣於假定靈魂不朽，卻也從未遺忘復活的應許。在中世紀，作者會寫文章講靈魂在人死後要乾等最後審判過後，才可與身體復合，苦不堪言。

我們當然毋須接受那麼錯綜複雜的理論，但我們可以看見，他們也明白永恆的盼望是關乎全人，而不是關乎鬼魂的。

如前所說，要理解這事——再說一遍——仍須對那位**信得過**的上帝有信心。我們一直以來的思路和模式就是：故事的主角上帝全然委身於所造、所愛、所塑的。祂的行動和旨意盡是為叫我們興旺健康。這一切均符合這樣對上帝的看法：即使在死亡的遠方，祂也不會放棄所造的。更重要的是，祂藉耶穌的愛所造出來那些專屬於祂的人，祂斷不拋棄。說到底，基督徒信永生，不是信人的本身（內裏的不朽元素），而是相信上帝本身。要是我們對永生的信仰完全是根據我們對上帝的認識而立，我們基督徒也毋須太在乎甚麼靈魂學的研究，「證明死後仍有生命」了。固然，那是頗為有趣的研究，但有時候，它只不過反映了我們的焦慮而已，甚或可能叫我們分心，忽視福音的真正挑戰，因為這些研究實際上跟聖經的永生觀沒有太大的關係。聖經所在乎的是，我們要坦誠悔改，歡喜快樂地回應上帝當下此刻在我們中間賜下的好消息，就是關乎耶穌的消息，這才是挑戰所在。

坦誠悔改、歡喜快樂——這樣的回應談何容易？好消息並非一下子就被人明白和接納的。我們在上文談到「審判」。我們真要先好好的停下來，想一想這一點，別太急切想著與上帝共享永生。我們已經說過了，我們每一天都得在意基督必定回來施行審判這件事；別以為這是遠在天邊的神祕事件。我們要天天熟習這番真理。

當我們抵抗真理的所有裝備都被解除，當我們處於無法想像的層面內，無法再依賴慣用的自欺欺人的技倆，被迫面對上帝，在祂面前赤裸地面對自己的真相時，我們到底如何自持？新約早已談到「赤露」的問題——保羅也講到，我們的終局可以是自以為有建樹的一切都被夷為平地（林前三 11 ～ 15；林後五 1 ～ 5），也可以是穿上新衣，「披上」基督的生命（林前十五 53 ～ 54，以及剛才所提的哥林多後書經文）。死亡即是將人神之間的分隔物移開。我們的盼望在於此生已習慣與基督同活，有所「建造」，面見真理的時候才可略為抵受當時的恐懼戰慄，因為，如約翰壹書所說，某程度上，真理已經「住在我們裏面」了。

這樣，我們一方面是完全赤裸、無力自保、百辭莫辯、無處藏身的；但另一方面，卻衷心相信上帝已替我們辯護，以恩典替我們添衣了。

這樣看來，原始的基督教水禮三部曲並非偶然的了：脱衣、浸入、披衣。誰要與耶穌為伍，誰就得卸除防禦工具，在死的水裏消失無蹤，再起來的時候就以光明榮耀為衣穿上了。《所羅門頌歌》（*Odes of Solomon*）是最古老的敍利亞聖詩之一。同類聖詩常説信徒們已經披光戴榮、頭頂華冠。用保羅簡潔有力的話説，就是他們已經「披戴基督」（羅十三 14）。

但正如保羅在哥林多後書所説的，要披戴基督，先要有所除下。在坎特伯里大教堂內有十五世紀紀徹理大主教（Archbishop Chichele）的墳墓：墓面的大主教塑像披戴禮服，莊嚴華麗；墓裏的遺體赤裸無衣，黯然枯壞。此情此景發人深省（並非僅限大主教），叫人知道人一死就得面對靈性的裸露，一絲不掛地面對上帝。我們所得的種種身分把我們舒舒服服的包裹起來，體面堂皇，到時都要全部融化無存，把我們心坎深處所保留、所珍惜的一切完全暴露出來。我們為此而不安是對的。我們面對上帝審判，是不該把應有的敬畏之心抹殺的，縱使教會歷史上某些過激、誇張的表達方式叫人反感。我們愈是不認識自己——人都是這樣的吧——就愈應該打醒精神好好思想那個時刻。

當然，我們離開教會以死的可怖叫人驚慄不已、惡夢連場的日子頗遠了；把信仰與焦慮相混就是歪曲信仰。但成熟的人不能不知赤裸面對上帝會

必朽的人與世俗榮華：坎特伯里大教堂紀徹理大主教陵

不好過；真理不會叫你好過。回憶一下那些自覺有錯的場面吧：「我一直在騙自己。不知怎的，我就是長此以往，深深的傷害了自己而不自知」——多痛苦的場合。比這更苦的是，人家要指出你的錯處，你卻想躲避，希望他們閉嘴。東正教禮文有一項祈求：「在基督可畏的審判台前有所答辯」。這是值得祈求的，深知惟一的「答辯」只有靠著應許代我們作中保的那一位才行。祂是真理的本身。

有一位偉大的神學家說，要求神學生住在一起接受牧職訓練惟一的理由就是：朝夕相對叫人真相畢露，所講的話可能叫你三十年後仍覺赧顏。其實幫助別人面對真我，又豈止於牧職訓練？這不正是教會生活的全貌？但我們當然也要提防那些以「用愛心說誠實話」為天職，專愛以此為工具去管人家閒事的人。我想到的是那些真聖人怎樣叫人無法避開真理，既看見人性現況，也看見美好的可能性。我在書中屢次引述了一些好像比我們更能赤裸地面對真理的人的例子。他們鞏固了我們的信心，但也能威脅我們，使我們以暴力反抗他們。這又再叫我們知道，真理不會叫我們好過一點。試問墮落的世人，誰能面對上帝純潔榮光而毋懼色呢？

天主教煉獄觀背後藏著的正是這個思想。自宗教改革以來，煉獄問題一直引起爭議。民間觀念也真的值得被初期的新教人士臭罵。新約賦予信徒那些美好的盼望，又豈可與靠己力清還債項，直到你令自己略有資格升上天堂的講法相提並論？後中古世紀教會還要來一招替煉獄中的靈魂做法事來撈一筆，就更加不用說了。但歸根結柢，一切都源於人深知，在與上帝相見之日，假如我們仍是居心不正、自欺欺人，痛苦便在所難免。其實我們不必去想居間狀態，重要的是一直在上帝豐盛的愛裏時刻相隨，如魚得水，完全地適應全新氛圍才對。

儘管認為人死後還需經過一個過程或時期是無可避免的，這樣的想法無甚益處。基督教詩詞最能切中核心，在紐曼樞機《耆老夢》（*The Dream of Gerontius*）這首詩裏面，耆老死後面對上帝大叫：「帶我走吧！」然後，他接受了必須有的煉淨，即是好好的與上帝相伴。較溫和、較靜思式的表達，則見於喬治．赫伯特（George Herbert）那知名的《愛》

（*Love*；他寫了三首同名的詩，這是第三首），詩中設定了一小幕話劇：「愛熱烈地歡迎我；我的心卻囁嚅退縮。」愛雖已歡迎了我們，我們卻不相信我們真的應該來；愛必須告訴我們，說我們是祂所造的，而祂已經使我們成為配得的。那麼誠摯的歡迎，迫使我們確知自己該得的是甚麼——

　讓我的羞愧
歸到該去之處吧
可你知否，愛說，誰擔了罪？
　那麼，親愛的，讓我來服事你吧。
你一定得坐好，愛說，細嘗我的肉：
　於是，我坐下細嚼。

我們還有甚麼說的呢？英語世界最偉大的一首詩叫我們啞口無言。整個福音活現眼前：羞愧罪疚入木三分；同樣真實而叫人心碎的是，那勝過自怨自艾、自憂自驚的愛的迎迓，言簡意賅的結束。我們只能坐下、細嚼，像撒該、馬太、馬利亞、彼得一樣做祂的座上客。

但——「歸到該去之處」指哪裏？我們自招的

刑罰又如何？——抑或福音真叫我們可免再提這一切？基督教歷史不乏關乎地獄的荒謬無稽殘酷狂想和情感操控，煽情駭人，我們對這嗤之以鼻不足為奇。可我們也不能因噎廢食，當中確有成熟的覺醒，深知我們裏面有慣常拒絕面對真理的危險。假如我一生所作的選擇，叫我對真理麻木不仁，對愛也愈來愈冷漠，怎麼辦呢？假如我使自己再也無法分辨真理與謊言又如何？

這是一直都沒有定案的「假如」，誰也不知道別人令自己再也看不見真理的程度有多深；誰也不知道人會否自欺到一個永遠對愛完全無動於中的地步。魯益師著名的小書《夢幻巴士》(*The Great Divorce*)[11]要幫助我們明白永遠陷在困境是甚麼意思：一直有接受愛的機會，卻又不肯付上改變的代價，或者因為長年累月懷疑成性，連明白這機會的能力也喪掉。這書叫人心寒，尤其是你知道自己正是書中的主人翁。

地獄講的是這個。到底誰會到了這樣的地步，我們不得而知，但我們要知道自己真的能夠作出害

死自己的選擇。對這一點，我們需要有正確的恐懼。基督教神學一貫指明地獄是自己選的，非上帝所定的（十六世紀極端加爾文派除外。他們説上帝在亞當墮落以前，早已定了一些人的罪。但即使如此，這派的人仍會説是因為那些人的生命令他們無法忍受上帝的同在，也無法經歷上帝，把祂視為一種折磨）。是我們自己對上帝的説話聽而不聞；最真確地描述地獄的圖畫就是：上帝永遠在叩一扇緊閉的門，而我們在後面拼命抵住它。最重要的是我們要清清楚楚地明白，叫我們陷入恐懼和自欺的事物到底是甚麼，並且把握今天——就在現在，到上帝面前受祂審判，領受憐憫。當然，這也正是作為一個期望成員多多悔改，且又滿懷信心呼籲別人也悔改（基督徒也蠻愛做這事）的基督教羣體，更需要噤聲，在上帝面前更多自省反詰才對的原因。

但奇妙的是，一個悔改的羣體，一個天天自知虛偽、欠愛心、卻又敢於面對失敗的羣體，反而是最能夠活出盼望的羣體。教會表明福音的途徑，如前所述，不是德行過人、樣樣成功，乃在於時刻願意歸向上帝。悔改的意思就是，失敗不能叫你一蹶不振。這正是教會最重要的標誌之一：它所靠賴的並非人的本領，亦非人的本錢。也許我們要在四大標誌之外加上第五個標誌——獨一、神聖、大公、使徒、悔改。

今日的文化雖然包容各種行為，卻又非常不肯饒恕人，這是頗為怪誕的事。政客名人稍有差池，媒體馬上口誅筆伐、大肆張揚；囚友與釋囚也難逃苛刻的眼光；人為錯誤或疏忽的當事人，難逃訴訟索償之苦。我們千萬不要被道德與行為鬆懈的表象所騙；表象底下的苛刻心態是叫人憂慮的。那就是說，信經中的教會與(我們但願)它的實踐向我們指出饒恕的可能性，這回事是抗衡文化的。

我們也得弄清楚——饒恕不是溫情主義、沒有代價的。當基督徒被問及會否「饒恕」諸如恐怖分子之類時，絕**不**可以隨口說：「這個當然！」饒恕不可以代行；只有受害人有這個權利。饒恕也不是自動轉帳，一蹴即就。當然，基督徒奉命彼此饒恕，但他們比誰都更明白那是一條漫長的路。他們能說，饒恕是可能的。但他們斷不能要求別人饒恕人的速度要快一點，因為人家所受的傷有多深，他們並不知道。饒恕也不能與從寬發落或者縱容惡行相混。受害人固然可以饒恕被告，但他入獄或者作出別的補償還是應該的。

饒恕，在人的角度看，是恢復關係，無論過失大小；也是與上帝恢復關係。當我們按信經宣告，相信罪得赦免，我們不是説過犯是小事，關係也容易修補，只是説彌天大罪也不能把上帝的門關上。不是我們能把過犯傷痛扭轉過來，乃是上帝能，然後我們才能。這也是對上帝的「全能」的一個定義，即如上文所説的——總沒有一處是上帝的同在無法改變的；況且，即或不然，祂仍賦予我們説「不」的能力。相信罪得赦免一點也不容易，但這信仰卻比一切更能指明上帝的榮耀與自由。威廉．布萊克，依我所知，算不上正統基督教詩人，但他寫得好：

彼此饒恕每罪行
互相開啟眾天門

這話是正統的。我們若願意不僅轉向上帝，也願轉向別人，相信不論創傷與隔膜有多深，改變還是可能的，我們的世界也必豁然開朗。環顧四周，在本地、在人際、在國際，信經的這一項也許是最需要宣告的了。

但正如許多的聖詩和禱文所堅稱，信仰並非為求免下地獄；而悔改雖是迎接永生不可少的準備，但我們更需要思想的是如何景仰上帝。要是上帝為我們所計劃的永恆乃是一個互有往還、充滿喜樂的世界，在萬事上體驗上帝的榮耀與慷慨，深知一切盡在三一上帝那種有傾出與接受的歡欣生命中，我們最好的準備就是習慣施出、接受、喜樂，向這願景完全敞開。奧古斯丁的傑作《上帝之城》（*The City of God*）的結語指出，天堂是「我們能安息也能看，能看見也能愛；能愛也能讚美的場所；看哪，那沒有終結的終結！除此終結之外，我們還有甚麼終結？豈非進入那永無終結的國度麼」？[12] 這也是我們需要假以時日去熟習的一方面——不是只見真理的威嚴，也要認識真理的光輝與美麗。誠然，愈慣見其美麗，愈有力量為此付上代價。

按基督教傳統，永恆最主要的是以上帝的真實為樂——不是融入某種終極的「絕對」裏，而是享受活潑的關係，也是最像人際關係，卻又截然不同

的關係，因為這是在三一上帝裏面交流生命與喜樂的關係。永恆需要**默觀**。這是一個不時叫基督徒慌張失措的詞語，其實它的意思只是讓我們自己進入光中，展開一段適應愛中生活的過程而已。

有說禱告與其說是叫我們進到能看見上帝的地步，不如說是叫上帝能看見我們。即是說，我們進入上帝同在的光中，沒有防禦與偽態，肅敬默然侍立於上帝跟前，毫無矯揉造作，既不自捧，也不自保，只見赤裸裸地見祂。正因這緣故，默觀有時被視為黑暗又光明的經歷。我們若花這樣的時間，在上帝面前做這樣的事，通常會放棄一些自覺安全舒適的東西。默觀的呼召的最大挑戰，尤其對以此為終身作業的人來說，是永不覺得它是有用，連解釋也不容易。默觀所為的不是結果而是真理、永恆。

默觀與天堂所要求的沒有兩樣：全然獻上、全然領受；不斷地脫掉自己，也不斷地披上基督，在禱告與愛中享受同在。誠如默觀者所言，若無人公開而明顯地承擔這個呼召，教會早晚枯竭凋謝；修士、修女與隱士並非教會的點綴，而是抓緊教會核心，使我們不致於營營役役、失去焦點的事奉者。專心一意終身注目於永恆的喜樂的事奉，卻又是弔詭地令人精疲力竭的事，但也顯出真理的價值絕不便宜。

默觀即是放棄看慣了的形象，離開我們對上帝慣有的觀念和圖畫，走出舒適地帶，捨棄叫我們安舒的情緒，放棄那些我們以為會叫我們快樂的事物——不是自討苦吃，乃是為要習慣這思想：除非能與慣常的舒適與保障保持距離，否則對那既陌生又震撼的真喜樂會失去辨識的能力。落到日常生活層面來看，默觀可能就是呆坐桌前、毫無自信、自我懷疑：上帝既已呼召我進入喜悅、永恆滿足，我又幹嗎呆坐著無所事事、如坐針氈，對上帝不知該作何所想？

我們身旁的支架一一被拆掉。十六世紀西班牙的基督教默觀大師聖十架約翰（St John of the Cross）所繪畫出來的，是一條進入無盡黑暗的路，完全地迷失，在想像、在情緒都是這樣。不只沉悶枯乾，而是孤單恐懼忽然來襲，且力度驚人。約翰說我們必須經過黑夜，才能進入黎明。惟有當我們再也不求自己的好處和舒適時，我們才有領受上帝定意賞賜的厚恩自由。惟有這樣，才能夠讓上帝與我們心中所有——或者至少大部分——的混亂脱鈎，好叫我們真實地經歷祂。禱告就是讓上帝，無論是在我們裏面，或者是為著我們的緣故，總可以做回祂自己。

終身默觀的呼召只是給少數人的。但上帝卻要求所有信徒一生都走一條讓上帝為著我們做回祂自己的路。這其實就是按照首兩誡來生活而已 —— 除了我以外，你不可有別的神，也不可以偶像來代替上帝。某程度上，我們都是臨急抱著上帝的人 —— 這也就是自造形象、以假代真。上帝就是上帝，沒有義務滿足人的期望。真實的一位當然非任何心思意念所能測透。放手、開放是明智之舉。

再說，基督教確信的是三一上帝，這信念能助我們面對面前的謎團。我們蒙召進入聖子與父的永恆關係裏；然而，三一上帝的關係卻非三位獨立個體之間的關係 —— 故此人際關係多親密也無法與之相比。我們禱告時覺得有點兒不像在跟一位與我們一樣的在傾談，這是不足為怪的。如果我們與上帝的關係確是在基督裏的，我們就不會好像隔得遠遠的那樣跟對方談。我們經歷的會比人際關係深，但又不失為有位格的；既是真實的關係，卻又不是完全憑著我們的感覺和想法而決定的：上帝源源不絕傾注下來的愛，要穩定地叫我們從裏頭改變過來。我們會成熟長大——進入充滿感恩與安全感的生命裏，深知自己好像在瞎愛、追慕著一位非筆墨與思想所能描述者，不斷領受源源不絕地臨到我們、把我們塑造成為今天的樣子的恩賜，而通常又知其然卻不知其所以然。在基督裏的禱告，若如聖十架約翰所說，乃是由無形的愛流帶動的，有時它讓我們覺察得到，但絕大部分時間都是叫我們（痛苦地）覺察不到的。我們只能相信自己正不斷地成長；只有試驗出我們漸漸更能夠面對真理、接受自己的失敗，並因為深信上帝總不會放棄我們，而能夠繼續反醒自己，我們才知道自己正成長。

換句話說，默觀禱告的路徑乃是叫我們落實一直思考的願景，把信經嘗試具體寫清楚的過程活出來——叫我們明白被永恆可靠的大愛所愛到底是甚麼一回事，因而進到那更深的信賴去。這也是具體落實馬丁．路德及其追隨者所謂的「因信稱義」——這信念說，信任能叫你回歸正位，不是成就、成功、表現；而是對在聖經所載的歷史中向我們顯示與我們分享的那些事情有了信心，從而夠膽伸出手去緊握上帝的手。禱告即是伸手，輕鬆自如，完全張開，沒有幻想投射，乃自覺而欣然地進入黑暗裏，深知裏頭有上帝自己在歡迎我們。

當我們說：「我們的父」，當我們說著耶穌所說的說話，又在心靈深處藉著耶穌的靈進到父面前，嘗試摒棄一切叫我們感覺更好更安全的東西，朝著真理走過去——這才明白「我信」的意思。到時，在十七世紀詩人亨利．范恩（Henry Vaughan）所說的上帝「令人目眩的黑暗」中，我們就開始完全地長大成人，真真正正地做人。這是畢生之工，同時也是上帝的恩典，不是我們所賺得，也是永遠不可能賺得的。就讓喬治．赫伯特用他的禱告十四行詩來替我們總結，叫我們明白自己默然趨近的到底是甚麼：

上帝在人裏面的氣息
歸回到出生之時……
靈魂的血液
芬芳之地
心照不宣

註釋

1. T. S. Eliot, 'Little Gidding', in *Four Quartets*（London: Faber & Faber, 1943）.
2. St Ambrose, *De Fide*（On Belief）, I.42.
3. Klaas A. D. Smelik ed., *Etty: The Letters and Diaries of Etty Hillesum*, 1941~1943（Grand Rapids, MI: Eerdmans, 2002）, 506, 640, 519.
4. Tony Hendra, *Father Joe: The Man Who Saved My Soul*（London: Penguin Books, 2004）.
5. Hendra, *Father Joe*, 191, 214.
6. Hendra, *Father Joe*, 221.
7. Tom Stoppard, *Jumpers*（London: Faber & Faber, 1972）.
8. 如參 John V. Taylor, *The Christlike God*（London: SCM Press, 1992）。
9. Kitty Ferguson, *The Fire in the Equations: Science, Religion and the Search for God*（West Conshohocken, PN: Templeton Foundation Press, 2004）.

10. 參 Richard Carter, *In Search of the Lost: The Death and Life of Seven Peacemakers of the Melanesian Brotherhood*（Norwich: Canterbury Press, 2006）。
11. C. S. Lewis, *The Great Divorce*（London: Collins, 1945）.
12. Augustine of Hippo, *City of God*, XXII.30.

鳴謝

作者及原出版社承蒙 Anthony Hyne for the Estate of David Jones 允許，使用以下大衛．瓊斯之畫作，特此鳴謝。

頁 xiv，The Waterfall, *Afon Honddu Fach*（1926）

頁 28，The Annunciation, *Y Cyfarchiad I Fair*（1963）

頁 56，A Man for All Seasons, *Sanctus Christus de Capel-y-ffin*（1925）

頁 80，The Royal Banners, *Vexilla Regis*（1948）

頁 104，The Farm Door（1937）

頁 134，The Briar Cup（1932）

承蒙允許使用以下照片：

頁 39，Lanzarote volcanoes by Richard King

頁 49，London traffic by Rab Bower

頁 70，Easter at the New Apostolic Church, South Africa, 2005

© Chris Kirchhoff

頁 86，Fleeing Basra © Caerdroia

頁 96，Easter at Agio Thomas by Nicholas Econopouly at www.greecetravel.com/photos/sixties

頁 124 及 132，The Melanesian Brothers © Richard Carter, *In Search of the Lost*, Canterbury Press, 2006. 圖片由 Carolyn Kitto（p.124）and Richard Toke（p. 132）提供。

頁 130，Break the chains of debt © Jubilee 2000 Coalition

頁 147，Tomb of Archbishop Chichele © P. E. Blanch 1998. 承蒙坎特伯里大教堂教士團及教士團監理允許使用。